Touro
Previsões e Rituais 2024

Alina A. Rubi e Angeline A. Rubi

Touro

É fácil apaixonar-se por Touro. Este signo é puro poema e paixão. Regido por Vénus, o planeta do amor, Touro gosta da boa vida e, de facto, nunca se contentará com nada menos do que merece, uma peculiaridade que lhe valeu o título de signo mais teimoso do zodíaco.

Regido por Vénus, Touro adora o romance, sabe como romancear e adora ser cortejado, por isso sabe naturalmente como seduzir. Touro é apaixonado, leva as suas responsabilidades a sério e quer um parceiro para toda a vida, porque é muito tradicional.

Nada excita mais Touro do que essa sensação de segurança. Touro é popular por ser um noivo estável, terra a terra e honesto. Algo muito importante a ter em conta é que, antes da fidelidade, Touro precisa de ser alimentado e regado como se não houvesse amanhã. Estando tão intimamente relacionado com Vénus, a sua forma de sedução gira em torno do erotismo, por isso, se está pronta para o fazer apaixonar-se, prepare-se para uma viagem completa através de ecos e aromas.

Como Touro está tão ligado ao mundo material, gosta de expressar a sua adoração através de presentes e nunca se atreveria a dar-lhe coisas baratas. Touro mostrará a sua admiração com um presente que capte o seu espírito. Não se trata de um presente totalmente altruísta; ele espera algo em troca.

O taurino precisa de saber que se preocupa com ele e que a relação é recíproca. Afinal de contas, cada vez que o taurino expressa um gosto ou um desgosto, espera que se lembre disso. Preste muita atenção aos comentários do seu parceiro taurino e até tome algumas notas.

Se ela der a entender que adora pudim de abóbora, significa que estará à espera que lhe compre um. Embora Touro esteja imbuído de sensualidade, é muito importante que não exagere. Na verdade, este espécime terreno desconfiará de alguém com uma abordagem grosseira, por isso dedique algum tempo a ganhar a sua confiança.

Touro, quando se trata de amor, não tem pressa, por isso aproveite a oportunidade para avançar calmamente, deixando que a relação se desenvolva naturalmente.

Demora algum tempo a abrir-se, porque gosta de todo o processo e, para este casal venusiano, apaixonar-se é uma experiência incrivelmente mágica e valiosa.

Touro aprecia a segurança e tende a gravitar em torno de parceiros que partilham os seus pontos de vista sobre finanças, carreira e família.

Como esta questão é tão importante para eles, é fácil avaliar as suas intenções desde o início. Assim, se Touro lhe fizer perguntas sobre o seu rendimento, aspirações profissionais ou casa de sonho no terceiro encontro, pode estar convencido de que ele está interessado em fazer progressos sérios.

O sexo é uma coisa muito importante para os amantes de Touro. Consequentemente, o ato em si não é tão importante como a sua preparação.

Os preliminares são o que mais o excita e, como tudo o resto com este filho de Vénus, devem ser uma experiência sensorial completa. Não se esqueça disto: Touro adora a tradição, e estes gestos consagrados de adoração serão bem recebidos e criarão o ambiente para noites extremamente apaixonadas.

A zona erógena de Touro é o pescoço, por isso os beijos nesta zona vão deixá-lo louco. Embora Touro goste de estar com a sua parceira, também precisa de muito tempo sozinho para se mimar, leva a sério os seus rituais de autocuidado e, especialmente se o seu espaço for ameaçado, pode tornar-se bastante possessivo com o que o rodeia.

Nunca toque nos objetos sagrados de Touro. Para ele, pegar em algo sem autorização é uma declaração de guerra.

Como este signo valoriza cada posse e se preocupa com tudo o que possui, o que pode rapidamente degenerar em ligeiras tendências de acumulação, não deite fora, em circunstância alguma, nada que pertença a Touro. Não vale a pena correr o risco da sua ira. E com os seus gostos luxuosos, não há quase nada que valha a pena deitar fora.

Para Touro, a qualidade é mais importante do que a quantidade. Por outras palavras, o seu parceiro de Touro não se importará com o número de carteiras que tem, desde que sejam luxuosas. Quando se trata de uma relação a longo prazo com Touro, o dinheiro é importante. Claro que isto não significa que ele se sinta atraído exclusivamente por bilionários.

Na verdade, o objeto não é assim tão importante. O que realmente faz a diferença é a forma como o seu parceiro ganha e poupa o seu rendimento.

Não se esqueça de reconhecer sempre o merecido sucesso do seu parceiro taurino.

Este signo parece um pouco complexo, mas assim que começar a adaptar-se a este estilo de vida, também vai perceber que tudo se justifica.

Touro adora comida, o caminho para o coração de Touro é através do seu estômago, por isso as relações mais sensuais incluirão sempre uma refeição gourmet.

Horóscopo geral para Touro

Úrano permanecerá no seu signo durante todo o ano e fará conjunção com Júpiter a partir de 2024. A combinação de Úrano e Júpiter é fabulosa para desenvolver projetos e aproveitar oportunidades que o beneficiarão de muitas formas.

O ano começa com muita energia positiva no seu signo, o que o fará sentir-se rejuvenescido. No entanto, este entusiasmo também pode causar impaciência.

Esforçar-se-á por ser bem-sucedido, mas poderá haver meses em que se sentirá inquieto e stressado.

As distrações externas podem perturbar o seu progresso no trabalho. Por vezes, sentir-se-á desmotivado e perderá o interesse pelo seu trabalho. Pode também sentir-se confuso quanto ao caminho a escolher.

Este ano de 2024, poderá ser confrontado com muitas situações em que as suas emoções e a sua natureza sensível interferem com a sua capacidade de processar informações, o que irá toldar os seus processos de pensamento mental e afetar o seu raciocínio.

Deve ter muito cuidado com as pessoas com quem interage na sua vida quotidiana. Tente ser gentil com elas, mas não permita pessoas tóxicas à sua volta.

Se deseja iniciar um novo negócio este ano, é melhor fazê-lo antes de abril. Também na primeira metade do ano, poderá beneficiar plenamente das relações com o estrangeiro.

Depois de 1 de maio, Júpiter entrará no seu signo do zodíaco e reforçará a sua capacidade de decisão, dando-lhe os resultados desejados nos negócios e deixando-o feliz por ver o progresso dos negócios. Este ano, pode também integrar o seu parceiro no seu negócio.

Este ano, poderá passar por momentos caóticos, mas não aceite a sua derrota, nem desista da sua confiança e coragem. Por vezes pode sentir-se perdido e até excluído, dê um passo atrás, analise o que está errado e depois siga em frente.

Amor

Se tiver um parceiro, sentir-se-á feliz com a sua relação. No entanto, podem existir algumas dúvidas ou incidentes do passado que podem interromper a sua felicidade.

Se está à procura de um parceiro, deve lembrar-se das suas experiências passadas, que lhe ensinaram lições importantes. Estas lições ajudá-lo-ão a orientar-se no caminho certo.

Devem cultivar a paciência e a tolerância nas vossas relações; só assim poderão experimentar o verdadeiro amor. As diferenças podem ser postas em segundo plano se forem pacientes no amor.

Ocasionalmente, durante vários meses do ano, pode haver momentos de incerteza na vossa relação, mas estas situações melhorarão por si próprias.

Se está à procura de amor, o mês de maio trará boas notícias. A influência de Júpiter pode facilitar os pedidos de casamento. Poderão encontrar-se e transformar a relação num compromisso a longo prazo, como o casamento.

Deve ser paciente com o seu parceiro enquanto toma decisões relacionadas com a sua vida privada e evitar a interferência de terceiros.

Este ano é também marcado por fases em que haverá falta de intimidade sexual e respostas agressivas, o que porá em causa a relação.

Isto pode significar que está a trabalhar a nível subconsciente em problemas e bloqueios antigos, tentando reforçar os seus laços emocionais para se sentir mais confortável nos seus relacionamentos.

Durante os períodos de Lua cheia, as relações amorosas que são sólidas podem ser reforçadas e as relações amorosas que não são seguras podem falhar.

Durante os períodos de Mercúrio Retrógrado é possível que os problemas amorosos existentes se agravem.

Economia

Este ano estará concentrado na sua estabilidade e crescimento profissional. Saturno em Aquário vai levá-lo a adotar uma abordagem disciplinada e estratégica da sua profissão.

O ano de 2024 é favorável para estabelecer objetivos a longo prazo, aperfeiçoar as suas competências e construir uma estrutura sólida para o seu futuro, porque Júpiter estará a transitar pelo seu signo até ao final de maio de 2024.

O trânsito de Júpiter pelo seu signo trará muitas oportunidades na sua área profissional. Este trânsito motivá-lo-á a sair da sua zona de conforto e a explorar novos horizontes.

Plutão transitará pela sua área profissional durante a maior parte de 2024, o que o levará a esforçar-se por assumir o controlo e a autonomizar-se. Poderá ser vista como uma força profissional, o que significa que a sua capacidade de sucesso se deve à sua força de vontade. Poderá também assumir mais responsabilidades, mas esperemos que consiga cumpri-las.

Terá um excelente ano na sua vida profissional. Haverá bênçãos no seu caminho e o Universo abrir-lhe-á os braços. Irá adquirir novos conhecimentos e explorar diferentes opções para ganhar dinheiro.

As suas finanças vão melhorar, mas também existe a possibilidade de as suas despesas aumentarem. Se não aprender a controlar as despesas desnecessárias, as suas finanças podem ser afetadas.

As suas fontes de rendimento aumentarão este ano e a sua saúde financeira geral será forte desde o início do ano até maio.

Obterá muitos retornos dos investimentos e os seus esforços no trabalho serão eficazes para reforçar a sua posição financeira. Adotará meios digitais para gerir a sua empresa.

Terá a oportunidade de realizar alguns projectos em parceria com outras pessoas, mas deve ter muito cuidado com esta determinação. Não tome decisões precipitadas, pois poderá ser enganado, a parceria poderá ser desfeita e o negócio poderá fracassar.

Saúde de Touro

É preciso ter cuidado com o que se come. É essencial seguir um plano de nutrição recomendado por um profissional. Não deve tomar medicamentos sem o aconselhamento de um médico.

Deve fazer exercício físico regularmente e evitar fumar ou beber álcool em excesso.

É necessário cuidar dos seus dentes. A melhor forma de tratar estes desconfortos não naturais é visitar o dentista para manter o seu sorriso a brilhar.

A sua saúde mental precisa de atenção. Pode ser fisicamente forte, mas a sua saúde emocional e mental também é importante.

As mulheres de Touro podem ter problemas hormonais.

As doenças virais podem recidivar e dificultar a vida, pelo que deve procurar assistência médica imediata, se necessário.

Pode conseguir-se um bom relaxamento praticando ioga e meditação.

Família

A sua vida familiar será excelente este ano. Todos os conflitos pendentes serão resolvidos e o ambiente de paz e felicidade regressará ao seu lar.

O amor permanecerá entre os membros da vossa família, haverá solidariedade.

É provável que se mude após o primeiro trimestre do ano. Deve cuidar da saúde dos seus pais e respeitá-los, se ainda estiverem vivos. Com a bênção deles, avançará na vida.

Os solteiros poderão ficar noivos e os casados reforçarão os seus laços durante este ano. Nos últimos três meses do ano, devido à sua confiança, os seus inimigos tentarão prejudicá-lo e atrasar a felicidade da sua família, por isso esteja atento durante este período.

Datas importantes

- ***27 de janeiro Úrano*** *completa o seu movimento retrógrado em Touro Úrano irá propor formas invulgares de encontrar significado e sentido para a sua vida.*

- ***A 19 de abril o Sol entra em Touro.*** *É uma altura para abrandar o ritmo, consolidar a sua agenda e pensar onde quer realmente passar o seu tempo.*

- ***29 de abril Vénus entra em Touro.*** *O luxo é bom, mas nesta fase o que realmente importa é o prazer. Tente dar-se alguns mimos e satisfazer alguns caprichos. Há muitas coisas maravilhosas que são gratuitas. Este trânsito de Vénus vai trazer-lhe sucesso em questões legais.*

- ***7 de maio, Lua Nova em Touro,*** *este é o momento perfeito para um novo começo, para procurar novas oportunidades e iniciar um caminho diferente. Júpiter favorece qualquer novo negócio.*

- ***15 de maio Mercúrio entra em Touro.*** *Poderá comunicar de uma forma mais prática e terá mais capacidade de concentração.*

- ***Marte no seu signo de 9 de junho a 20 de julho.*** *Quando Marte transita pelo seu signo, é uma altura de grande energia e entusiasmo. Deve aproveitar as novas oportunidades e agir rapidamente. Marte só transita por um signo de dois em dois anos, por isso aproveite esta oportunidade. Chegou o momento de começar um novo capítulo na sua vida.*

- ***Lua Cheia no seu signo a 14 de novembro****. Esta Lua pode trazer finais de relacionamentos ou o sucesso de uma ideia de negócio.*

Será recompensado e sentir-se-á emocionalmente envolvido no que faz.

Introdução Rituais

Neste livro oferecemos-lhe vários feitiços e rituais para que possa atrair a abundância económica para a sua vida no ano 2024, porque este será um ano de muitos desafios.

Quando tudo parece estar a ir por água abaixo, a ajuda espiritual é oportuna.

A magia funciona. A maioria das pessoas de sucesso, acredite ou não, pratica-a, mas é claro que não lho dirão. Elas alcançaram os seus triunfos porque realizaram cuidadosamente alguns dos rituais que lhe oferecemos neste livro.

Se está cansado de falhar no amor nos últimos anos, comprou o livro certo, porque a sua vida amorosa vai mudar completamente quando realizar os rituais que recomendamos.

Os feitiços de saúde e os rituais de magia branca ajudá-lo-ão a manter ou a melhorar a sua saúde, mas nunca se esqueça de que não substituem qualquer médico ou os tratamentos que este lhe prescreve.

Os feitiços de saúde são muito populares no mundo da magia, depois dos feitiços de amor ou de dinheiro, os feitiços de saúde são muito procurados devido à sua grande eficácia, embora não sejam fáceis de lançar porque a saúde é um assunto delicado.

Há um número infinito de razões pelas quais um ritual ou feitiço pode não funcionar, e cometemos erros sem nos apercebermos.

A energia do ritual é desperdiçada se demasiadas pessoas souberem o que se está a fazer.

Para obter resultados positivos, devemos praticá-los no momento certo.

Estes períodos mágicos estão relacionados com a astrologia e devemos conhecê-los e programar os nossos rituais para estes períodos que serão os mais adequados para realizar a nossa magia.

janeiro de 2024

Domingo	Segunda-feira	Terça-feira	Quarta-feira	Quinta-feira	Sexta-feira	Sábado
	1				5	
	8		10	11 Lua Nova		
21		23		25 Lua Cheia	26	
	29	30	31			

11 de janeiro de 2024 Lua Nova Capricórnio 20°44'

25 de janeiro de 2024 Lua Cheia   Leão5°14

Os melhores rituais para o dinheiro

Quinta-feira, 11 de janeiro de 2024 *(dia de Júpiter). Lua Nova em Capricórnio, signo de estabilidade. Bom dia para organizar os nossos objetivos, as nossas vocações, a nossa carreira, para obter honras. Para pedir um aumento, para fazer apresentações, para falar em público. Para feitiços relacionados com o trabalho ou o dinheiro. Rituais relacionados com a obtenção de promoções, as relações com os superiores e a obtenção de sucesso.*

Quinta-feira 25 de janeiro de 2024 *(dia de Vénus) Favorável para feitiços de dinheiro, amor e assuntos legais. Rituais relacionados com a prosperidade e a obtenção de emprego.*

Ritual para a sorte no jogo

Num bilhete de lotaria, escreve-se o montante que se pretende ganhar na frente do bilhete e, no verso, o nome. Queima-se o bilhete com uma vela verde. Recolhe as cinzas num papel violeta e enterra-as.

Ganhar dinheiro com a Taça da Lua. Lua Cheia

É necessário:
- 1 copo de cristal
- 1 prato grande
- Areia fina
- Brilho dourado (purpurina)
- 4 chávenas de sal marinho
- 1 quartzo de malaquite
- 1 chávena de água do mar, do rio ou sagrada
- Paus de canela ou canela em pó
- Manjericão seco ou fresco
- Salsa fresca ou seca
- Grãos de milho
- 3 notas das denominações atuais

Coloque no copo as três notas dobradas, os paus de canela, os grãos de milho, a malaquite, o manjericão e a salsa. Misture a purpurina com a areia e junte-a ao copo até ficar completamente cheio. Sob a luz da Lua Cheia, coloque o prato com as quatro chávenas de sal marinho.

Colocar a chávena no meio do prato, rodeada de sal. Deitar a chávena de água sagrada no prato, de modo a humedecer bem o sal, deixar toda a noite à luz da Lua Cheia e parte do dia até a água se evaporar e o sal ficar novamente seco.

Adicionar quatro ou cinco grãos de sal ao copo e deitar o resto.

Leve o copo para dentro de casa, para um local visível ou para o local onde guarda o seu dinheiro.

Em cada dia de Lua Cheia, espalharás um pouco do conteúdo da taça em todos os cantos da tua casa e varrerás no dia seguinte.

Os melhores rituais para o amor

Sexta-feira, 19 de janeiro de 2024 *(dia de Vénus). Adequado para feitiços ou rituais relacionados com o amor, contratos e parcerias.*

Feitiço para adoçar a pessoa amada

Escreve-se o nome completo da pessoa amada e o nosso próprio nome por cima, sete vezes, num papel castanho.

Coloca-se este papel num copo de vidro e coloca-se mel, canela, um quartzo rosa e pedaços de casca de laranja.

Enquanto faz o ritual, repita na sua mente: "Eu adoço-te e só o verdadeiro amor reina entre nós". Guarde-o num local escuro.

Ritual para atrair o amor

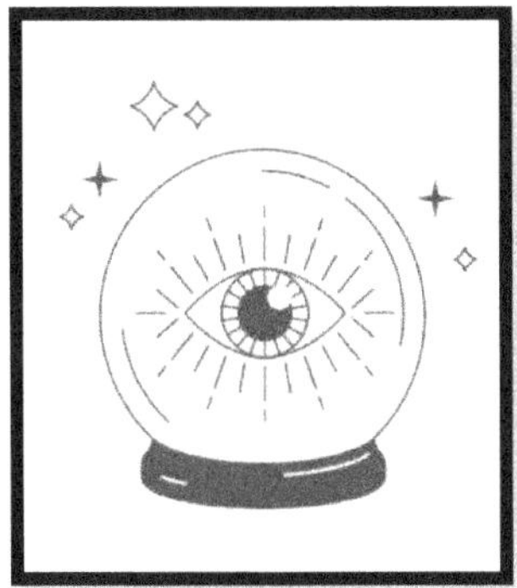

É necessário

- Óleo de rosa

- 1 quartzo rosa

- 1 maçã

- 1 rosa vermelha num vaso pequeno

- 1 rosa branca num vaso pequeno

- 1 fita vermelha comprida

- 1 vela vermelha

Para uma eficácia máxima, este ritual deve ser realizado numa sexta-feira ou num domingo, à hora do planeta Vénus ou Júpiter.

É necessário consagrar a vela antes de iniciar o ritual com óleo de rosas. Acender a vela. Corte a maçã em dois pedaços e coloque um no vaso de rosas vermelhas e outro no vaso de rosas brancas. Atar a fita vermelha à volta dos dois vasos. Deixe-os ao lado da vela durante a noite até a vela se apagar. Enquanto faz isto, repita no seu pensamento: "Que apareça no meu caminho a pessoa destinada a fazer-me feliz, eu recebo-a e aceito-a".

Quando as rosas estiverem secas, enterra-as, juntamente com as metades das maçãs, no teu quintal ou num vaso com o quartzo rosa.

Para atrair um amor impossível

É necessário:
- 1 rosa vermelha
- 1 rosa branca
- 1 vela vermelha
- 1 vela branca
- 3 velas amarelas
- Fonte de vidro
- Pentáculo #4 de Vénus

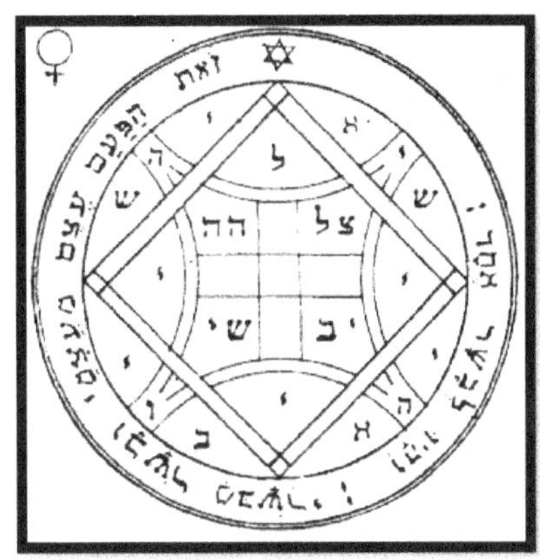

Pentáculo nº 4 de Vénus.

Coloca-se as velas amarelas em forma de triângulo. Escreva no verso do pentagrama de Vénus os seus desejos de amor e o nome da pessoa que deseja na sua vida, coloque a fonte em cima do pentagrama, no meio. Acende-se a vela vermelha e a vela branca e colocam-se na fonte juntamente com as rosas. Repete-se esta frase: "Universo, faça entrar no meu coração a luz do amor de (nome completo)".

Repete-se isto três vezes. Quando as velas se apagarem, leva-se tudo para o pátio e enterra-se.

Os melhores rituais para a saúde

Terça-feira, 30 de janeiro de 2024 (dia de Marte). *Para se proteger ou recuperar a sua saúde.*

Feitiço para proteger a saúde dos nossos animais de estimação

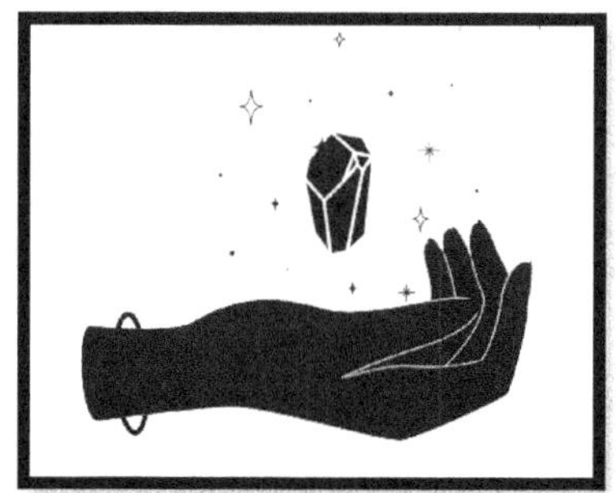

Ferver água mineral, tomilho, alecrim e hortelã. Quando arrefecer, coloque-a num frasco de spray em frente de uma vela verde e de uma vela dourada.

Quando as velas forem consumidas, deve utilizar este spray no seu animal de estimação durante nove dias. Principalmente no peito e nas costas.

Feitiço para melhoria imediata

Deve obter uma vela branca, uma verde e uma amarela.

Consagrá-los (desde a base até ao pavio) com essência de pinheiro e colocá-los numa mesa com uma toalha azul-clara, em forma de triângulo.

No centro, coloque um pequeno recipiente de vidro com álcool e uma pequena ametista.

Na base do recipiente, um pedaço de papel com o nome da pessoa doente ou uma fotografia com o seu nome completo e data de nascimento no verso.

Acende-se as três velas e deixa-se acender até que estejam completamente consumidas.

Durante a realização deste ritual, visualize a pessoa completamente saudável.

Feitiço de emagrecimento

Pica-se o dedo com um alfinete e coloca-se 3 gotas de sangue e uma colher de açúcar num pedaço de papel branco, depois fecha-se o papel e envolve-se o sangue com o açúcar.

Coloca-se este papel num recipiente de vidro novo e sem padrão, enche-se o copo até meio com a sua urina, deixa-se passar a noite em frente a uma vela branca e enterra-se no dia seguinte.

Rituais para o mês de fevereiro

fevereiro de 2024

Domingo	Segunda-feira	Terça-feira	Quarta-feira	Quinta-feira	Sexta-feira	Sábado
				1		
	5			8	9 Lua Nova	10
			21		23 Lua Cheia	
25	26			29		

9 de fevereiro de 2024 Lua Nova Aquário 20°40

23 de fevereiro de 2024 Lua Cheia Virgem 5°22

Os melhores rituais para ganhar dinheiro

9 de fevereiro de 2024 (Dia de Vénus). Nesta fase, trabalhamos para aumentar ou atrair qualquer coisa. Neste ciclo, fazemos pedidos para que o amor venha, para que o dinheiro aumente nas nossas contas, ou para o nosso prestígio no trabalho.

Ritual para aumentar a clientela. Lua Crescente Gibosa

É necessário:
- *5 folhas de arruda*
- *5 folhas de verbena*
- *5 folhas de alecrim*
- *5 grãos de sal marinho grosso*
- *5 grãos de café*
- *5 grãos de trigo*
- *1 pedra magnética*
- *1 saco de pano branco*
- *Fio vermelho*
- *Tinta vermelha*
- *1 cartão de visita*
- *1 vaso com uma planta verde grande*
- *4 quartzo citrino*

Coloque todos os materiais dentro do saco branco, exceto o íman, o cartão e as citrinas. Depois, cosa-o com linha vermelha e escreve o nome da empresa no exterior com tinta vermelha. Durante uma semana inteira, deixe o saco debaixo do balcão ou numa gaveta da sua secretária.

Passado esse tempo, enterra-a no fundo do vaso juntamente com a pedra íman e o cartão de visita. Finalmente, coloque as quatro citrinas em cima da terra do vaso na direção dos quatro pontos cardeais.

Feitiço para ser próspero

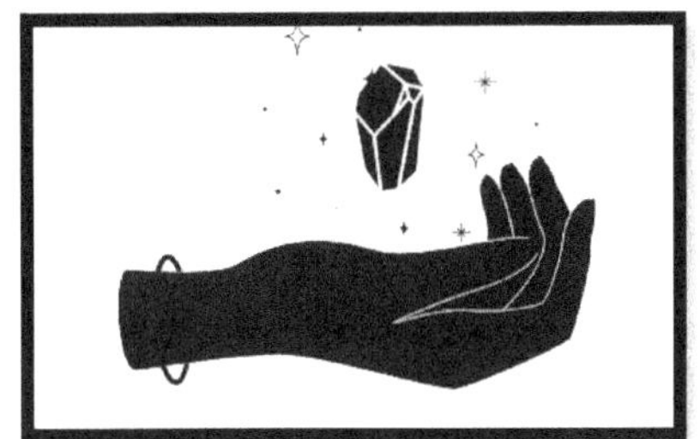

É necessário:

- 3 pirites ou quartzo citrino

- 3 moedas de ouro

- 1 vela dourada

- 1 saqueta vermelha

No primeiro dia da Lua Nova, coloca-se uma mesa perto de uma janela; sobre a mesa, colocam-se as moedas e o quartzo em forma de triângulo. Acende a vela, coloca-a no meio e, olhando para o céu, repete três vezes a seguinte oração

"Lua que ilumina a minha vida, usa o poder que tens para me atraíres dinheiro e faz com que estas moedas se multipliquem".

Quando a vela tiver ardido, coloque as moedas e o quartzo com a sua mão direita no saco vermelho, leve-o sempre consigo, será o seu talismã para atrair dinheiro, ninguém lhe deve tocar.

Os melhores rituais para o amor
11, 22, 25 de fevereiro de 2024. Para feitiços ou rituais relacionados com o amor, os contratos e as parcerias.

Ritual para consolidar o amor

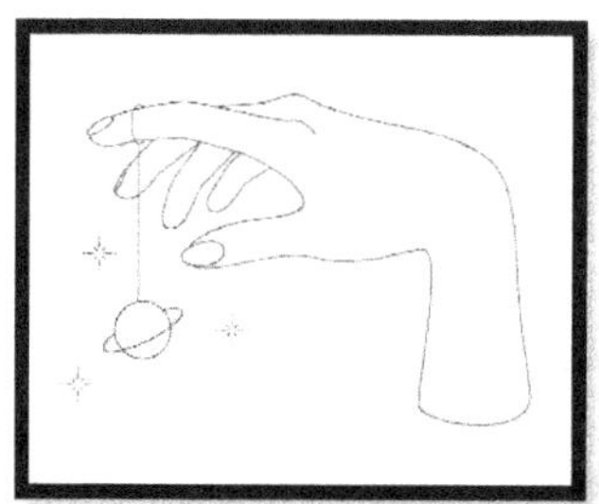

Este feitiço é mais eficaz durante a fase de Lua Cheia.

É necessário:
- 1 caixa de madeira

- Fotografias
- Mel
- Pétalas de rosa vermelha
- 1 quartzo ametista
- Paus de canela

Pega nas fotografias, escreve os seus nomes completos e datas de nascimento, coloca-as dentro da caixa de forma a ficarem viradas uma para a outra.

Juntar o mel, as pétalas de rosa, a ametista e a canela.

Coloca a caixa debaixo da tua cama durante treze dias. Passado este tempo, retira a ametista da caixa e lava-a com água da Lua.

Deve ser guardado como um amuleto para atrair o amor que deseja. O resto deve ser levado para um rio ou uma floresta.

Ritual para resgatar um amor em decadência

É necessário:
- 2 velas vermelhas
- 1 pedaço de papel amarelo
- 1 envelope vermelho
- 1 lápis vermelho
- 1 fotografia da pessoa amada e 1 fotografia sua
- 1 recipiente metálico
- 1 fita vermelha
- Agulha de costura nova

Este ritual é mais eficaz durante a fase de Lua Crescente e numa sexta-feira à hora do planeta Vénus ou do Sol. Deve consagrar as suas velas com óleo de rosas ou canela.

Escreve o seu nome e o nome do seu parceiro no papel amarelo com o lápis vermelho. Escreve também o que desejas com palavras curtas, mas precisas. Escreve os nomes em cada vela com a agulha de costura. Acende as velas e coloca o papel entre as fotografias, frente a frente, e ata-as com a fita. Queima as fotografias no recipiente metálico com a vela que tem o teu nome e repete em voz alta:

"O nosso é reforçado pela força do universo e de todas as energias que existem ao longo do tempo".

Coloca-se as cinzas no envelope e, quando as velas estiverem queimadas, coloca-se o envelope debaixo do colchão, na cabeceira da cama.

Os melhores rituais para a saúde

4,12,19 de fevereiro de 2024. Este período é aconselhável para intervenções cirúrgicas, pois favorece a capacidade de cicatrização.

Ritual para a saúde

Ferver várias pétalas de rosa branca, alecrim e arruda numa panela. Quando arrefecer, juntar a essência de rosas e o óleo de amêndoas. Acenda cinco velas roxas na sua casa de banho, que consagrou previamente com óleo *de laranja e de eucalipto. Numa das velas deve escrever o nome da pessoa. Tome um banho com esta água e, enquanto toma banho, deve visualizar que as doenças não se aproximarão de si ou da sua família.*

Ritual para a saúde na fase da Lua Crescente

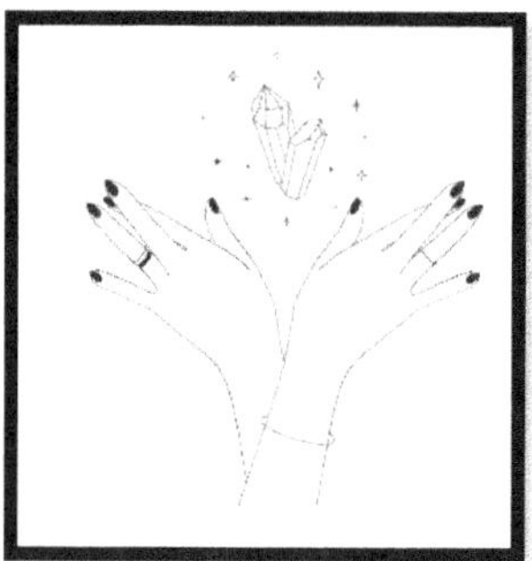

Num pedaço de papel de alumínio, coloca-se sal marinho, 3 dentes de alho, 4 folhas de louro, 5 folhas de arruda, uma turmalina preta e um pedaço de papel com o nome da pessoa. Dobra-se o papel e ata-se com uma fita roxa. Leva este amuleto contigo no bolso do teu casaco ou na tua carteira.

Rituais para o mês de março

março de 2024

Domingo	Segunda-feira	Terça-feira	Quarta-feira	Quinta-feira	Sexta-feira	Sábado
					1	
		5			8	9
10 Lua Nova						
				21		23
24 Lua Cheia	25	26			29	30
31						

10 de março de 2024 Peixes Lua Nova 20°16'.

24 de março de 2024 Lua Cheia Libra 5°07' (Eclipse Lunar Penumbral 5°13')

Os melhores rituais para ganhar dinheiro

8,10,22 de março de 2024. Rituais relacionados com a prosperidade e a obtenção de emprego.

Feitiço para ter sucesso em entrevistas de emprego.

Colocar três folhas de salva, manjericão, salsa e arruda num saco verde. Acrescentar um quartzo olho de tigre e uma malaquite.

Feche o saco com uma fita dourada. Para o ativar, coloque-o na sua mão esquerda ao nível do coração e, alguns centímetros acima, coloque a sua mão direita, feche os olhos e imagine uma energia branca a sair da sua mão direita em direção à sua mão esquerda, cobrindo o saco.

Guarda-se na carteira ou no bolso.

Ritual para que o dinheiro esteja sempre presente na sua casa.

É necessário um frasco de vidro branco, feijão preto, feijão vermelho, sementes de girassol, grãos de milho, grãos de trigo e um incenso de mirra.

Coloca-se tudo na garrafa pela mesma ordem, fecha-se com uma tampa de cortiça e deita-se o fumo do incenso na garrafa. Depois, coloca-a como decoração na sua cozinha.

Feitiço cigano para a prosperidade

Arranja um pote de barro de tamanho médio e pinta-o de verde. No fundo, coloque um pouco de mirra, uma moeda e algumas gotas de azeite. Cubra-o com uma camada de terra e coloque sementes da sua planta

preferida. Acrescenta canela e mais terra. Deve guardá-lo na sala de jantar da sua casa e regá-lo para que cresça.

Os melhores rituais para o amor

1, 17, 24, 29 de março de 2024

Ritual para afastar problemas de relacionamento

Este ritual deve ser praticado durante o Eclipse Lunar ou a fase de Lua Cheia.

É necessário:
- 1 fita branca
- 1 tesoura nova
- 1 birós vermelhos

Escreve na fita branca, com tinta vermelha, o problema que estás a ter e o nome da pessoa. Depois, corta-a em sete pedaços com a tesoura e, enquanto o fazes, repete-o em voz alta:

"Este é o meu problema. Quero que te vás embora e nunca mais voltes. Por favor, leva-o para longe de mim. É assim que as coisas são.

Colocar tudo num saco preto e enterrar.

Laços de amor

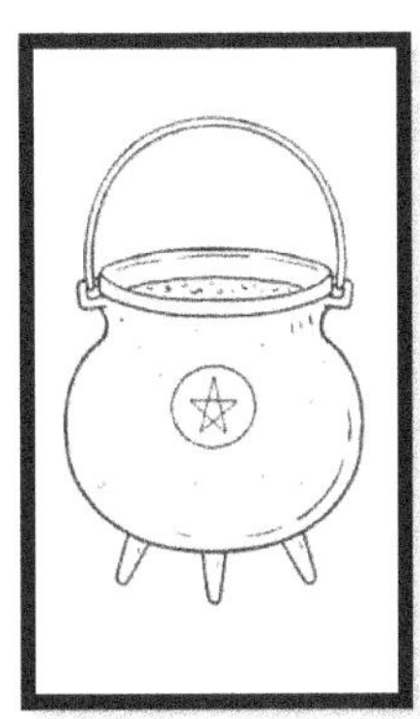

É necessário:

- Boa relva

- Manjericão

- Fotografia de corpo inteiro da pessoa amada sem óculos

- Fotografia de corpo inteiro de si sem óculos

- 1 lenço de seda amarelo

- 1 caixa de madeira

Colocar as duas fotografias no interior da caixa com o nome escrito no verso de cada uma. Colocar o lenço amarelo no interior e polvilhar com o manjericão e a erva boa. Deixe-a exposta às energias da lua. No dia seguinte, enterre-o num local onde ninguém saiba. Quando estiver a abrir o buraco, visualize o que deseja. Quando chegar a Lua Cheia, desenterre a caixa e atire-a para um rio ou para o mar.

Os melhores rituais para a saúde

Qualquer dia exceto sábado.

Feitiço de depressão

Pega num figo com a mão direita e coloca-o no lado esquerdo da boca, sem o mastigar nem engolir. Depois, pega numa uva com a mão esquerda e coloca-a no lado direito da boca, sem a mastigar. Quando tiveres os dois frutos na boca, os morderes ao mesmo tempo e os engolires, a frutose que emanam dar-te-á energia e alegria.

Feitiço de recuperação

Elementos necessários:

-1 vela branca ou cor-de-rosa

-Pétalas de   rosa

-Óleo de eucalipto

-Óleo de limão

-Óleo de laranja

Deve escrever com uma agulha de costura o nome da pessoa que precisa do feitiço. Consagra a vela com os óleos sob a lua cheia, repetindo: "Terra, Ar, Fogo, Água trazem Paz, Saúde, Alegria e Amor à vida de (diz o nome da pessoa)". Deixar a vela arder completamente. Os restos podem ser deitados fora em qualquer lugar.

abril de 2024

Domingo	Segunda-feira	Terça-feira	Quarta-feira	Quinta-feira	Sexta-feira	Sábado
	1				5	
	8 Lua Nova	9	10			
21	22 Lua Cheia	23		25	26	
	29	30				

8 de abril de 2024 Lua Nova e Eclipse Solar Total em Áries19°22   '.

22 de abril de 2024 Escorpião Lua Cheia 23°:48'

Os melhores rituais para o dinheiro

8, 7, 13, 22 de abril de 2024

Feitiço Abrir Caminhos para a Abundância.

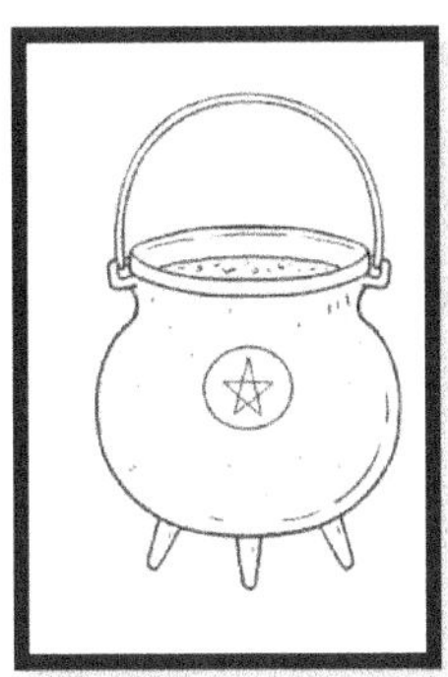

É necessário:
- Loureiro
- Romero
- 3 moedas de ouro
- 1 vela dourada
- Vela de prata
- 1 vela branca

Realizar após 24 horas da Lua Nova.

Colocar as velas em forma de pirâmide, colocar uma moeda ao lado de cada uma e as folhas de louro e de alecrim no meio deste triângulo. Acender as velas por esta ordem: primeiro as prateadas, as brancas e as douradas. Repetir esta invocação: "Pelo poder da energia purificadora e da energia infinita, invoco a ajuda de todas as entidades que me protegem para curar a minha economia".

Deixe as velas arderem completamente e guarde as moedas na sua carteira; estas três moedas não podem ser gastas. Quando o louro e o alecrim estiverem secos, queime-os e passe o fumo deste incenso pela sua casa ou empresa.

Os melhores rituais para o amor
2, 13, 17 de abril de 2024

Laços de amor marroquinos

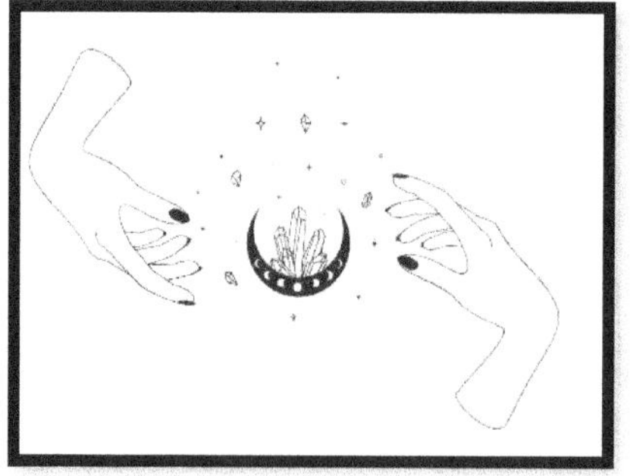

É necessário:
- Saliva da outra pessoa
- Sangue de outra pessoa

- Água de rosas
- 1 lenço vermelho
- Fio vermelho
- 1 quartzo rosa
- 1 turmalina preta

Coloca-se o lenço vermelho sobre uma mesa. Coloca-se a terra em cima do lenço e, por cima, a saliva, o quartzo rosa, a turmalina negra e o sangue da pessoa que se quer atrair. Borrifa-se água de rosas em tudo e ata-se o lenço com o fio vermelho, tendo cuidado para que os componentes não se soltem. Deve-se enterrar este lenço.

Feitiço para adoçar a pessoa amada

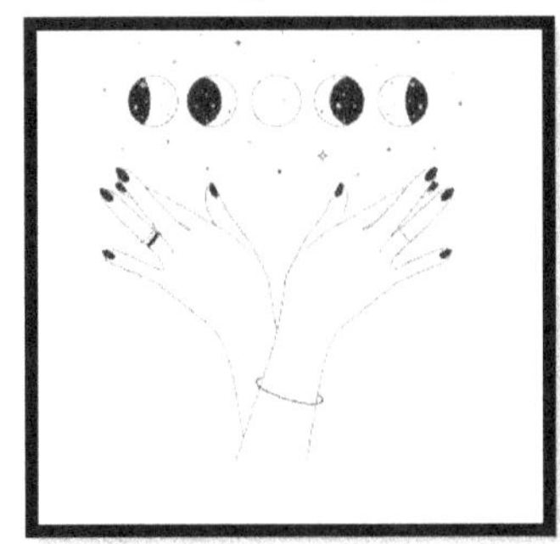

Escreve-se o nome completo da pessoa amada e o seu por cima sete vezes num papel castanho. Coloca-se este papel dentro de um copo de cristal e coloca-se mel, canela, um quartzo rosa e pedaços de casca de laranja. Enquanto faz o ritual, repita na sua mente: "Eu adoço-te e só o verdadeiro amor reina entre nós".

Guarde-o num local escuro.

Os melhores rituais para a saúde

13, 21 e 27 de abril de 2024.

Feitiço romano para uma boa saúde

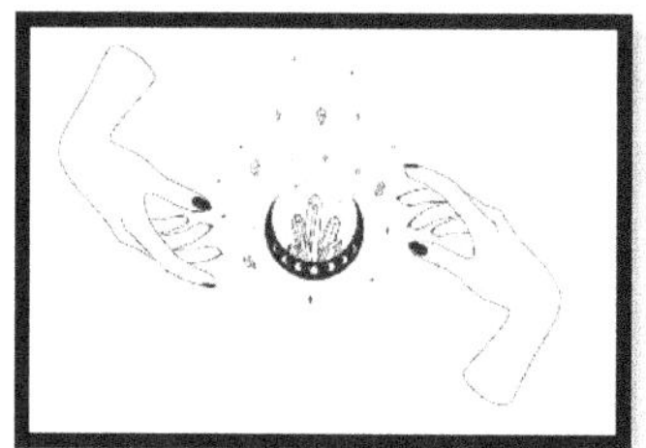

Deve juntar cinco folhas de alecrim, arruda e pétalas de rosa branca e fervê-las. Colocar o preparado, quando estiver frio, durante três horas em cima do terceiro pentagrama de Mercúrio. Acrescentar essência de sândalo, rosa e óleo de lavanda. Oferecer estes banhos aos Anjos da Guarda da criança durante cinco dias, acendendo uma vela roxa para transformar o negativo em positivo, que deve ser previamente consagrado com óleo de tangerina.

Terceiro Pentáculo de Mercúrio

Rituais para o mês de maio

maio de 2024

Domingo	Segunda-feira	Terça-feira	Quarta-feira	Quinta-feira	Sexta-feira	Sábado
			1			
5			8 Lua Nova	9	10	
		21	22 Lua Cheia	23		25
26			29	30	31	

8 de maio de 2024 Lua Nova de Touro 18°01'.

22 de maio de 2024 Lua Cheia Sagitário 2°54'

Os melhores rituais para ganhar dinheiro

6, 13, 21, 25 de maio de 2024

Lua Crescente "Íman de Dinheiro"

É necessário:

- 1 copo de vinho vazio

- 2 velas verdes

- 1 punhado de arroz branco

- 12 moedas com curso legal

- 1 íman

- Arroz branco

Acender as duas velas, uma de cada lado do copo de vinho. No fundo do copo, coloca-se o íman. De seguida, pega numa mão cheia de arroz branco e coloca-a no copo. De seguida, coloca as doze moedas dentro do copo. Quando as velas estiverem queimadas até ao fim, coloque as moedas no canto da prosperidade da sua casa ou da sua empresa.

Feitiço para limpar a negatividade em sua casa ou empresa.

É necessário:
- Uma casca de ovo
- 1 ramo de flores brancas
- Água sagrada ou água da lua cheia
- Leite
 - Canela em pó
 - Novo balde de limpeza
- Esfregona nova

Começa por varrer a sua casa ou empresa de dentro para fora da rua, repetindo na sua mente para deixar sair o negativo e entrar o positivo. Mistura todos os ingredientes no balde e limpa o chão de dentro para fora da porta da rua.

Deixa-se secar o chão e varre as flores para a porta da rua, apanha-as e deita-as no lixo juntamente com o balde e a esfregona. Não tocar em nada com as mãos.

Deve-se fazer isto uma vez por semana, de preferência na altura do planeta Júpiter.

Os melhores rituais para o amor

22 de maio Lua Cheia.

Laços de amor inquebráveis

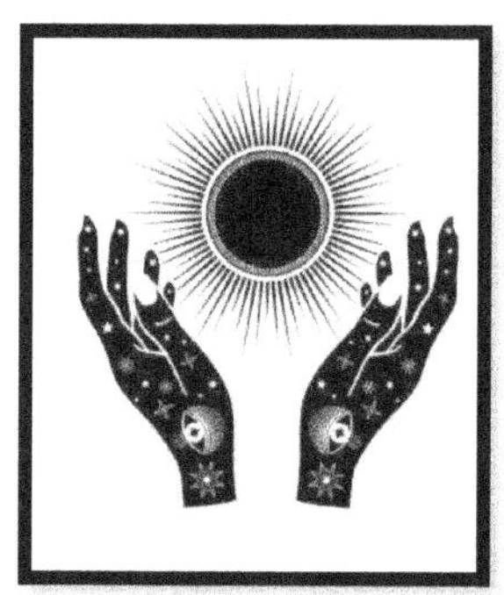

É necessário:
- 1 fita Verde
- 1 marcador vermelho

Pega na fita verde e escreve o teu nome completo e o nome da pessoa que amas com tinta vermelha. Depois escreve três vezes as palavras: amor, vénus e paixão. Ata a fita à cabeceira da tua cama e todas as noites dá um nó durante nove noites consecutivas. Passado esse tempo, atas a fita com três nós no teu braço esquerdo. Quando a fita se partir, queima-se e deita-se as cinzas no mar ou num local onde corra água.

Ritual para que eu só te ame

Este ritual é mais eficaz se for realizado durante a fase de Lua Crescente e numa sexta-feira, na altura do planeta Vénus.

É necessário:
- *1 colher de sopa de mel*
- *1 Pentáculo # 5 de Vénus.*
- *1 pincel com tinta vermelha*
- *1 vela branca*
- *1 agulha de costura nova*

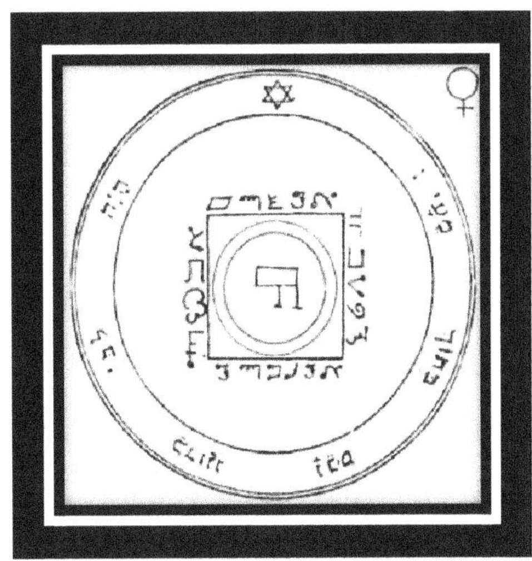

Pentáculo nº 5 de Vénus.

Deve escrever no verso do pentagrama de Vénus com tinta vermelha o nome completo da pessoa que ama e como quer que ela se comporte consigo, deve ser específico. Em seguida, mergulhe-o no mel e enrole-o à volta da vela para que fique colado à vela. Fixe-o com a agulha de costura. Quando a vela se apagar, enterre os restos e repita em voz alta: "O amor de (nome) só a mim pertence".

Chá para esquecer um amor

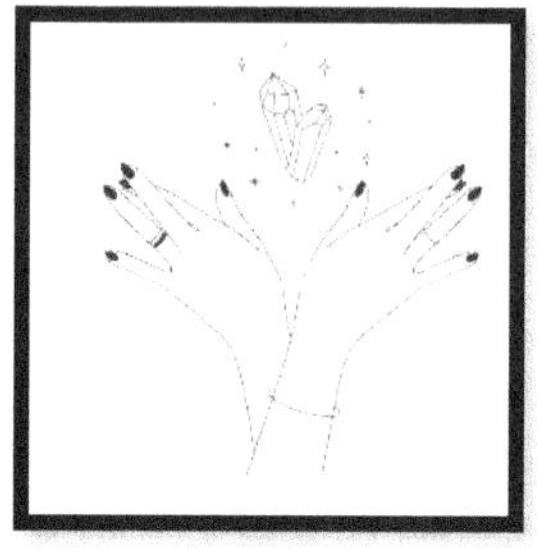

É necessário:
- 5 folhas de hortelã
- 1 colher de sopa de mel
- 3 paus de canela

Ferva todos os ingredientes numa chávena de água e deixe em infusão. Beba-o pensando em todo o mal que essa pessoa lhe fez. Os homens devem beber na terça ou quarta-feira à noite antes de se deitarem e as mulheres na segunda ou sexta-feira antes de se deitarem.

Ritual de unhas para o amor

Cortam-se as unhas das mãos e dos pés e colocam-se numa panela de metal em lume médio para torrar todos os resíduos das unhas. Retira-as e tritura-as até ficarem em pó. Dá este pó ao seu parceiro na sua bebida ou refeição.

.

Os melhores rituais para a saúde

Qualquer dia de maio de 2024. Exceto aos sábados.

Fórmula mágica para uma pele luminosa

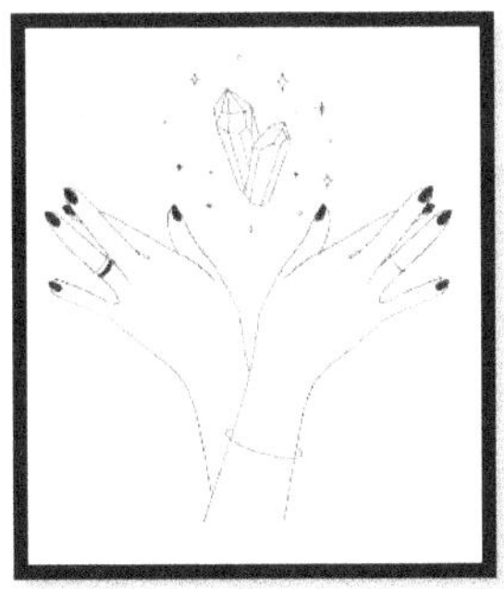

Misture oito colheres de sopa de mel, oito colheres de chá de azeite, oito colheres de sopa de açúcar mascavado, uma casca de limão ralada e quatro gotas de sumo de *limão. Quando se tornar uma massa suave, massaje-a em todo o corpo durante cinco minutos.*

Em seguida, toma-se banho com água quente e fria alternadamente.

Feitiço para curar dor de dente

É preciso fazer uma estrela de cinco pontas com sal marinho, grande porque é preciso ficar no meio dela.

Em cada extremidade, coloca-se uma vela preta e o símbolo do Tetragrammaton (pode imprimir a imagem), folhas de alecrim, folhas de louro, cascas de maçã e folhas de alfazema.

Quando for 12:00, coloca-se no centro, acende-se as velas e repete-se:

sanus ossa mea sunt: et labia circa dentes meos

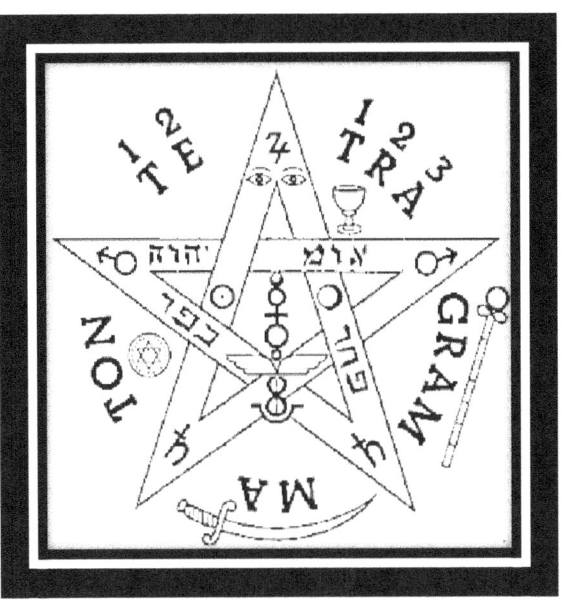

Símbolo do Tetragrammaton

Rituais para o mês de junho

junho de 2024

Domingo	Segunda-feira	Terça-feira	Quarta-feira	Quinta-feira	Sexta-feira	Sábado
						1
			5	6 Lua Nova		8
	10					
				20 Lua Cheia	21	
23		25	26			29
30						

6 de junho de 2024 Lua Nova de Gémeos 16°17'.

20 de junho de 2024 Lua Cheia Capricórnio 1°06'.

Os melhores rituais para o dinheiro

6,13,20, 27 são quintas-feiras, dias de Júpiter.

Feitiço cigano para a prosperidade

Arranja um pote de barro de tamanho médio e pinta-o de verde. No fundo, coloque um pouco de mirra, uma moeda e algumas gotas de azeite. Cubra-o com uma camada de terra e coloque sementes da sua planta preferida. Acrescenta canela e mais terra. Deve guardá-lo na sala de jantar da sua casa e regá-lo para que cresça.

Fumigação mágica para melhorar a sua economia doméstica.

Deve-se acender três brasas num recipiente de metal ou de barro e juntar uma colher de canela, alecrim e

cascas de maçã secas. Passa-se o recipiente pela casa, andando no sentido dos ponteiros do relógio.

Depois, coloca-se pétalas de rosas brancas num balde de água e deixa-se repousar durante três horas.

Com esta água, limpará a sua casa.

Essência Milagrosa para Atrair Trabalho.

Num frasco de vidro escuro, coloque 32 gotas de álcool, 20 gotas de água de rosas, 10 gotas de água de alfazema e algumas folhas de jasmim.

Agita-se várias vezes pensando no que se quer atrair.

Coloca-se num difusor, pode ser utilizado em casa, na empresa ou como perfume pessoal.

Feitiço para lavar as mãos e atrair dinheiro.

É necessário um pote de barro, mel e água da Lua Cheia.

Lave as suas mãos com este líquido, mas mantenha a água dentro da panela.

Em seguida, deixar o pote em frente a um negócio próspero ou a um casino de jogo.

Os melhores rituais para o amor
Qualquer dia de junho de 2024. Exceto aos sábados.

Ritual para evitar separações

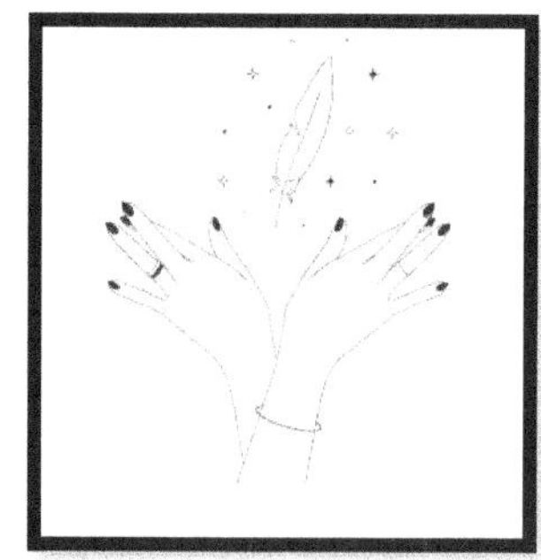

É necessário:
- 1 vaso de flores vermelhas
- Mel
- Pentáculo n.º 1 de Vénus
- 1 vela de pirâmide vermelha
- Fotografia do ente querido
- 7 velas amarelas

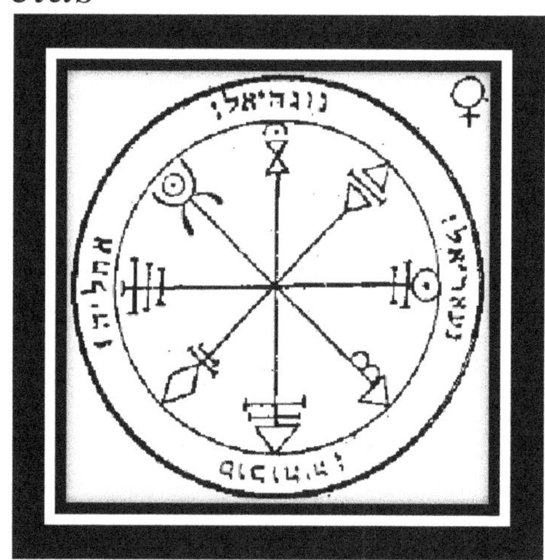

Pentáculo nº 1 de Vénus.

Acende-se as sete velas amarelas em forma de círculo. Depois escreve-se atrás do pentagrama de Vénus o seguinte encantamento:

"Peço-te que me ames toda a vida, meu querido amor" e o nome da outra pessoa. Enterra-se este pentagrama no vaso depois de o dobrar em cinco partes juntamente com a fotografia. Acende-se a vela vermelha e deita-se mel na terra do vaso.

Ao fazer esta operação, repete em voz alta o seguinte encantamento: "Graças ao poder do Amor, pedimos, para que (nome da pessoa), com um sentimento de amor verdadeiro que é o meu, seja preservado para que ninguém nem nenhuma força nos possa separar".

Quando as velas se queimam, deitamos os restos no lixo. Mantém-se a panela ao alcance da mão e cuida-se dela.

Feitiço erótico

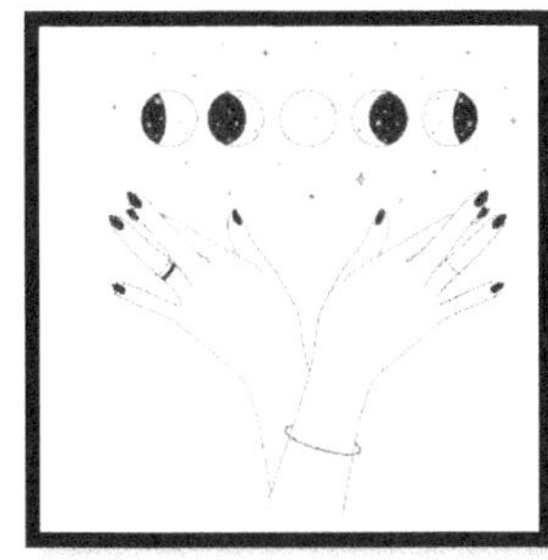

Recebe-se uma vela vermelha com a forma de um pénis ou de uma vagina (consoante o sexo da pessoa que lança o feitiço). Escreve-se o nome da outra pessoa na vela.

Deve consagrar-se com óleo de girassol e canela.

Deve-se acendê-lo uma vez por dia, deixando-o queimar apenas dois centímetros.

Quando a vela estiver completamente consumida, colocar os restos dentro de um saco de pano vermelho juntamente com o pentagrama de Marte nº 4.

Esta saqueta deve ser guardada debaixo do colchão durante quinze dias.

Após este período, pode deitá-lo fora no lixo.

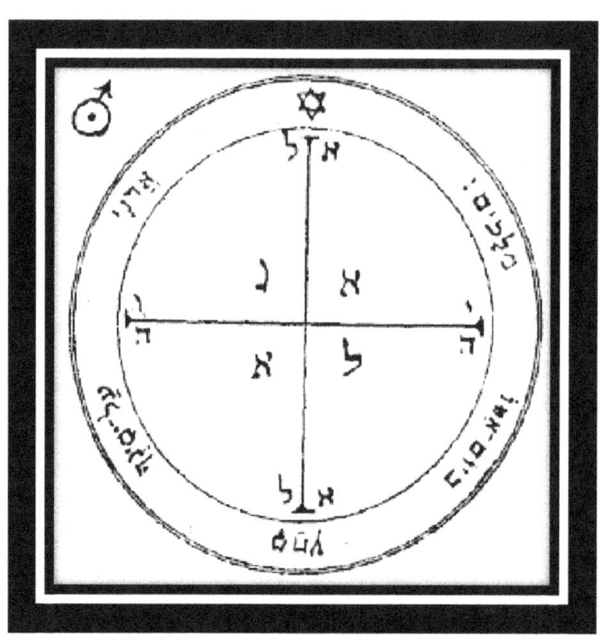

Pentáculo #4 Marte

Ritual do ovo para a atração

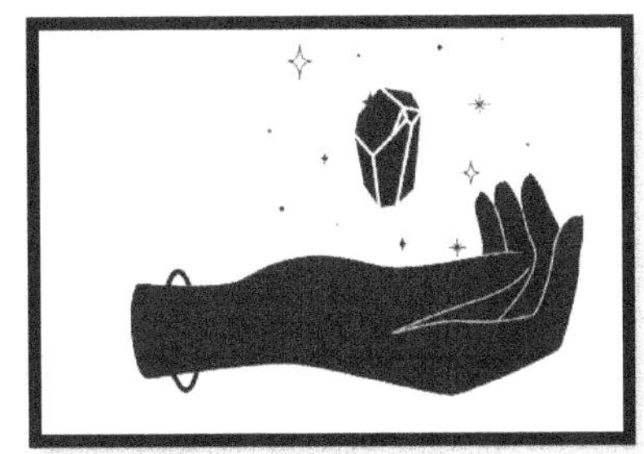

É necessário:
- 4 ovos
- Tinta amarela

Tens de pintar os quatro ovos de amarelo e escrever a palavra "ele vem até mim".

Pega-se em dois ovos e parte-se nos cantos da frente da casa da pessoa que se quer atrair.

Parte-se outro ovo em frente à casa dessa pessoa. No terceiro dia, atiras o quarto ovo para um rio.

Feitiço africano para o amor

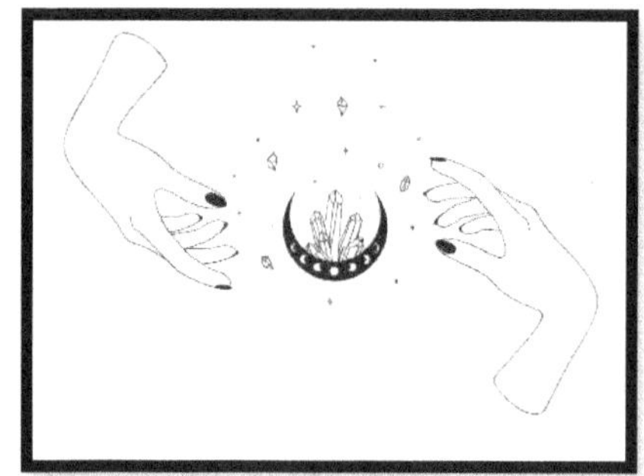

É necessário:
- 1 ovo
- 5 velas vermelhas
- 1 lenço preto
- Abóbora
- Óleo de canela
- 5 agulhas de costura
- Mel de abelha
- Azeite
- 5 pedaços de massa de pão
- Pimenta da Guiné

Abre-se um buraco na abóbora, depois de se ter escrito o nome completo da pessoa que se quer atrair num pedaço de papel, coloca-se dentro da abóbora.

Fura-se a abóbora com as agulhas repetindo o nome dessa pessoa. Deita-se os outros ingredientes na abóbora e envolve-se com o lenço preto. Deixa-se a cabaça assim embrulhada durante cinco dias diante das velas vermelhas, uma por dia. No sexto dia, enterra-se a abóbora na margem de um rio.

Os melhores rituais para a saúde

Qualquer dia de junho de 2024

Feitiço de emagrecimento

Pica-se o dedo com um alfinete e coloca-se 3 gotas de sangue e uma colher de açúcar num pedaço de papel branco, depois fecha-se o papel e envolve-se o sangue com o açúcar.

Coloca-se este papel num recipiente de vidro novo e sem padrão, enche-se o copo até meio com a sua urina, deixa-se passar a noite em frente a uma vela branca e enterra-se no dia seguinte.

Feitiço para manter uma boa saúde

Elementos necessários.

> *-1 vela branca.*

> *-1 cartão sagrado do Anjo da sua devoção.*

-3   incenso de sândalo.

> *-Carvões vegetais.*

-Ervas secas de   eucalipto e manjericão.

-Uma   mão-cheia de arroz, uma mão-cheia de trigo.

> *-1 prato ou tabuleiro branco.*

-8   pétalas de rosa cor-de-rosa.

> *-1 frasco de perfume, pessoal.*

> *-1 caixa de madeira.*

Deve-se limpar o quarto acendendo as brasas num recipiente metálico. Quando as brasas estiverem bem acesas, coloque as ervas secas sobre elas, pouco a pouco, e ande pelo quarto com o recipiente, para que as energias negativas sejam eliminadas.

Quando o incenso terminar, deve abrir as janelas para que o fumo se dissipe.

Preparar um altar sobre uma mesa coberta com uma toalha de mesa branca. Colocar o santinho escolhido em cima e, à volta, colocar os três incensos em forma de triângulo. Deve consagrar a vela branca, depois acendê-la e colocá-la em frente do anjo, juntamente com o perfume descoberto.

Deve estar relaxado, para isso deve concentrar-se na sua respiração. Visualize o seu anjo e agradeça-lhe por toda a saúde que tem e terá sempre, esta gratidão tem de vir do fundo do seu coração.

Depois de ter feito a sua ação de graças, dar-lhe-á como oferenda o punhado de arroz e o punhado de trigo, que deverá colocar dentro da bandeja ou do prato branco.

Espalhar todas as pétalas de rosa sobre o altar, agradecendo novamente os favores recebidos. Quando terminar de agradecer, deixar a vela acesa até se consumir completamente. A última coisa a fazer é juntar todos os restos da vela, do incenso, do arroz e do trigo, colocá-los num saco de plástico e atirá-lo para um local onde haja árvores sem o saco.

Coloque o cartão do anjo e as pétalas de rosa dentro da caixa e coloque-a num local seguro da sua casa. O perfume energizado, use-o quando sentir que as energias estão a baixar, enquanto visualiza o seu anjo e pede a sua proteção.

Banho de proteção antes de uma operação cirúrgica

Elementos necessários:

- Sino roxo

- Água de coco

- Cascarilha

- Colónia 1800

- Sempre vivo

- Folhas de hortelã

- Folhas de arruda

- Folhas de alecrim

- Vela branca

- Óleo de lavanda

Ferve-se todas as plantas na água de coco, quando arrefece, côa-se e junta-se a casca, a água-de-colónia, o óleo de lavanda e acende-se a vela na parte oeste da casa de banho. Deita-se a mistura na água da banheira. Se não tiveres uma banheira, deita-a sobre ti e não te sesses.

julho de 2024

Domingo	Segunda-feira	Terça-feira	Quarta-feira	Quinta-feira	Sexta-feira	Sábado
	1				5	6 Lua Nova
	8		10			
						20 Lua Cheia
21		23		25	26	
	29	30	31			

6 de julho de 2024 Lua Nova em Câncer 14°23'.

20 de julho de 2024 Lua Cheia Capricórnio 29°08'

Os melhores rituais para o dinheiro

A 6, 20 e 22 de julho, o Sol entra em Leão.

Limpeza para obter clientes.

Esmagar dez avelãs sem casca e um ramo de salsa num almofariz e num pilão.

Ferver dois litros de água da Lua Cheia e adicionar os ingredientes esmagados. Deixar ferver durante 10 minutos e depois coar.

Com esta infusão, limpará o chão da sua empresa, desde a porta de entrada até ao fundo.

Deve repetir esta limpeza todas as segundas e quintas-feiras durante um mês, se possível na altura do planeta Mercúrio.

Atrai a abundância material. Lua no Quarto Crescente

É necessário:

- 1 moeda de ouro ou um objeto de ouro, sem pedras.

- 1 moeda de cobre

- 1 moeda de prata

Durante uma noite de Lua Crescente, com as moedas nas mãos, dirija-se a um local onde os raios da Lua as iluminem.

Com as mãos levantadas, repete-se: "Lua, ajuda-me para que a minha fortuna cresça sempre e a prosperidade esteja sempre comigo".

Faça as moedas tocarem nas suas mãos.

Depois, guarda-os na carteira. Pode repetir este ritual todos os meses.

Feitiço para criar um escudo económico para a sua empresa ou trabalho.

É necessário:
- 5 pétalas de flores amarelas
- Sementes de girassol
- Casca de limão seca ao sol
- Farinha de trigo
- 3 moedas de uso corrente

Triturar as flores amarelas e as sementes de girassol num almofariz e pilão, depois juntar a raspa de limão e a farinha de trigo.

Misturar bem os ingredientes e guardá-los juntamente com as três moedas num frasco hermeticamente fechado.

Este preparado deve ser utilizado todas as manhãs antes de sair de casa.

Deve-se colocar primeiro as pontas dos cinco dedos da mão esquerda e depois da mão direita no frasco, depois esfregar nas palmas das mãos.

Qualquer dia de julho.

Feitiço de dinheiro expresso.

Este feitiço é mais eficaz se o lançar numa quinta-feira.

Vai encher uma taça de vidro com arroz.

Depois, acende-se uma vela verde (que se deve ter consagrado previamente) e coloca-se no centro da fonte.

Acende-se o incenso de canela e circula-se a fonte com o seu fumo seis vezes no sentido dos ponteiros do relógio.

Enquanto realiza este procedimento, repete mentalmente: "Abro a minha mente e o meu coração à riqueza.

A abundância vem até mim, agora e tudo está bem.

O universo está a irradiar riqueza para a minha vida agora. Os restos que se podem deitar fora no lixo.

Casa de banho para atrair ganhos económicos

É necessário:

- 1 planta de arruda

- Água florida

- 5 flores amarelas

- 5 colheres de sopa de mel

- 5 paus de canela

- 5 gotas de essência de sândalo

- 1 pau de incenso de sândalo

No primeiro dia da Lua Crescente, durante uma hora favorável à prosperidade, ferver todos os ingredientes durante cinco minutos, exceto a Aguaflorida e o incenso. Divida este banho porque deve fazê-lo durante cinco dias. O que não for utilizado deve ser mantido frio. Adicione um pouco de Aguaflorida ao preparado e acenda o incenso. Tomar banho e enxaguar como habitualmente. Gotejar lentamente o preparado desde o pescoço até aos pés. Fazer isto durante cinco dias consecutivos.

Os melhores rituais para a saúde

Qualquer dia de julho.

Feitiço para a dor crónica.

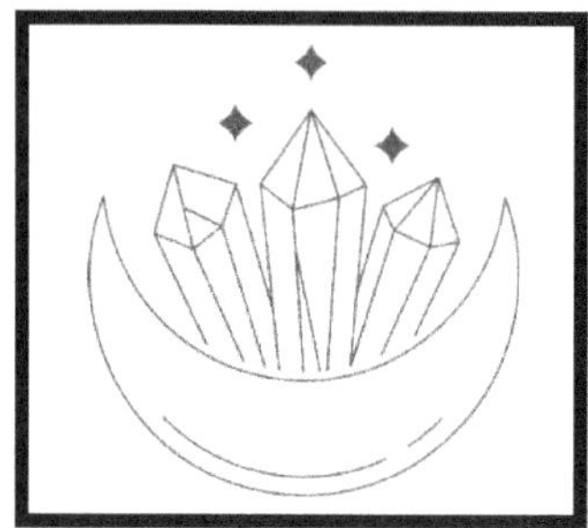

Elementos necessários:

-1 vela dourada

-1 vela branca

-1 vela verde

-1 Turmalina negra

-1 fotografia de si próprio ou de um objeto pessoal

-1 copo de água da lua

-Fotografia da   pessoa ou do   objeto pessoal

Coloque as 3 velas em forma de triângulo e coloque a fotografia ou objeto pessoal no centro. Coloca-se o copo de água da lua em cima da fotografia e deita-se a turmalina no seu interior. Depois acende-se as velas e repete-se o seguinte encantamento: "Acendo esta vela para conseguir o meu restabelecimento, invocando os meus fogos interiores e as salamandras e ondinas protetoras, para que transmutem esta dor e mal-estar em energia curativa de saúde e bem-estar. Repetir esta oração 3 vezes. Quando terminar a oração, pegue no copo, retire a turmalina e deite a água num ralo da casa, apague as velas com os dedos e guarde-as para repetir este feitiço até estar totalmente recuperado. A turmalina pode ser usada como amuleto de saúde.

Feitiço para melhoria imediata

Pegue numa vela branca, numa vela verde e numa vela amarela. Consagra-as (desde a base até ao pavio) com essência de pinheiro e coloca-as numa mesa com uma toalha azul-clara, em forma de triângulo. No centro, coloca-se um pequeno recipiente de vidro com álcool e uma pequena ametista. Na base do recipiente, um pedaço de papel com o nome da pessoa doente ou uma fotografia com o seu nome completo no verso e a data de nascimento. Acender as três velas e deixá-las acesas até se consumirem completamente. Enquanto faz este ritual, visualize a pessoa completamente saudável.

Rituais para o mês de agosto

agosto de 2024

Domingo	Segunda-feira	Terça-feira	Quarta-feira	Quinta-feira	Sexta-feira	Sábado
				1		
4 Lua Nova	5			8		10
18 Lua Cheia		21		23		
25	26			29	30	31

4 de agosto de 2024 Lua Nova Leão 12°33

18 de agosto de 2024 Lua Cheia Aquário 27°14'.

4,5 agosto de 2024

Espelho mágico para o dinheiro. Lua Cheia

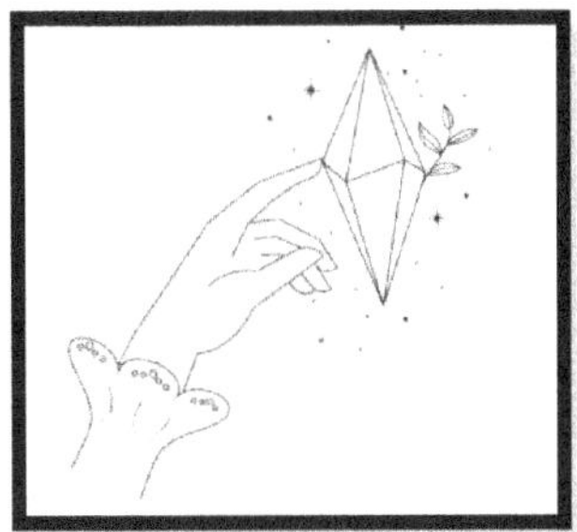

Arranjar um espelho com 40 a 50 cm de diâmetro e pintar a moldura de preto. Lave o espelho com água benta e cubra-o com um pano preto.

Na primeira noite de lua cheia, exponha-o aos raios lunares para que possa ver todo o disco lunar no espelho. Peça à lua que consagre este espelho para iluminar os seus desejos.

Na noite de Lua Cheia seguinte, desenhe com um lápis de lábios o símbolo do dinheiro 7 vezes ($$$$$$$).

Feche os olhos e visualize-se com toda a abundância material que deseja. Deixe os símbolos desenhados até à manhã seguinte.

Depois, limpa-se o espelho com água benta até não restarem vestígios da tinta que se usou. Volte a colocar o espelho num local onde ninguém lhe toque.

Para repetir o feitiço, é necessário recarregar a energia do espelho três vezes por ano em Luas Cheias.

Se o fizerem numa hora planetária que tenha a ver com a prosperidade, estarão a acrescentar uma supre energia à vossa intenção.

Ritual para acelerar as vendas. Lua Nova

Esta é uma receita eficaz para a proteção do dinheiro, a multiplicação das vendas no seu negócio e a cura energética do local.

É necessário:

-1 vela verde
-1 moeda
- Sal marinho
-1 pitada de pimenta

Este ritual deve ser realizado numa quinta-feira ou num domingo, à hora do planeta Júpiter ou do Sol.

Não deve haver outras pessoas nas instalações da empresa.

Acenda a vela e, à sua volta, em forma de triângulo, coloque a moeda, uma mão-cheia de sal e a pitada de pimenta.

É essencial que coloque a pimenta à direita e a mão-cheia de sal à esquerda. A moeda deve estar no topo da pirâmide.

Permaneça durante alguns minutos em frente à vela e visualize tudo o que deseja em termos de prosperidade.

Os restos que pode deitar fora, a moeda que guarda no seu local de trabalho para proteção.

Os melhores rituais para o amor
Qualquer sexta-feira, dia de Vénus.

Os melhores rituais para o amor

7,14, 21,28, 31 de julho.

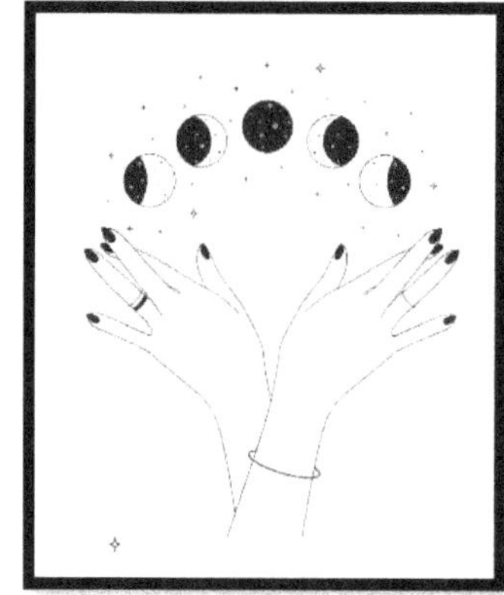

Feitiço para fazer alguém pensar em si

Arranje um pequeno espelho que as mulheres utilizam para se maquilharem e coloque uma fotografia sua atrás do espelho.

Em seguida, tira uma fotografia da pessoa que quer que pense em si e coloca-a virada para baixo em frente ao espelho (de modo que as duas fotografias fiquem viradas uma para a outra, com o espelho entre elas).

Envolver o espelho com um pedaço de pano vermelho e atá-lo com fio vermelho para que fique seguro e as fotografias não se possam mover.

Este deve ser colocado debaixo da cama, bem escondido.

Feitiço para o transformar num íman

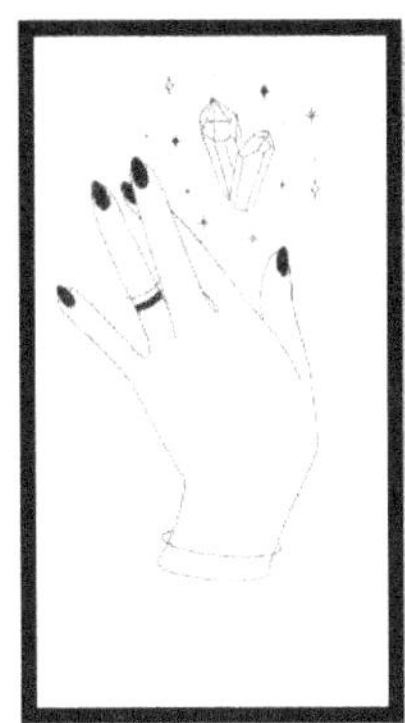

Para ter uma aura magnética e atrair mulheres ou homens, deve fazer um saco amarelo com o coração de uma pomba branca e os olhos de uma TARTARUGA em pó.

Se for homem, esta bolsa deve ser transportada no bolso direito.

As mulheres usarão esta mesma bolsa, mas dentro do sutiã, do lado esquerdo.

Os melhores rituais para a saúde

A 23 de agosto, o Sol entra em Virgem.

Banho ritual com ervas amargas

Este ritual é utilizado quando a pessoa foi tão fortemente enfeitiçada que a sua vida está em perigo.

Elementos necessários:
- *7 Folhas de murta*
- *Sumo de romã*
- *Leite de cabra*
- *Sal marinho*
- *Água sagrada*
- *Cascarilha*
- *8 Folhas da planta quebra-muros*

Deite o leite de cabra num recipiente grande, adicione o sumo de romã, a água benta, as plantas, o sal marinho e a cascarilha.

Deixar este preparado à frente de uma vela branca durante três horas e depois deitá-lo na cabeça. Deve dormir assim e enxaguar no dia seguinte.

Rituais para o mês de setembro

setembro de 2024

Domingo	Segunda-feira	Terça-feira	Quarta-feira	Quinta-feira	Sexta-feira	Sábado
1		3 Lua Nova		5		
8	9	10				
		17 Lua Cheia	18			21
	23		25	26		
29	30					

3 de setembro de 2024 Virgem Lua Nova 11°03'.

17 de setembro de 2024 Lua Cheia e Eclipse Parcial de Peixes 25°40'

Os melhores rituais para o dinheiro

3,13,20 setembro de 2024

Ritual para ganhar dinheiro em três dias.

Arranjar cinco paus de canela, uma casca de laranja seca, um litro de água da Lua Cheia e uma vela de prata. Ferva a canela e a casca de laranja na água da lua. Quando arrefecer, coloque-as num frasco de spray. Acenda a vela na parte norte da sala de estar da sua casa e pulverize todas as divisões com o líquido. Enquanto o faz, repita na sua mente: "Os Guias Espirituais protegem a minha casa e permitem-me receber o dinheiro de que preciso imediatamente".

Quando terminar, deixe a vela acesa.

Dinheiro com um Elefante Branco

Comprar um elefante branco com a tromba para cima.

Coloque-o virado para o interior da sua casa ou empresa, nunca em frente às portas.

No primeiro dia de cada mês, colocar uma nota do valor mais baixo na tromba do elefante, dobrá-la em dois no sentido do comprimento e repetir: "Que isto seja o dobro de 100"; depois dobrá-la novamente no sentido da largura e repetir: "Que isto seja multiplicado por mil".

Desdobrar o bilhete e deixá-lo na tromba do elefante até ao mês seguinte.

Repetir o ritual, mudando as notas.

Ritual para ganhar a lotaria.

É necessário:
- 2 velas verdes
- 12 moedas (representando os doze meses do ano)
- 1 tangerina
- Paus de canela
- Pétalas de 2 rosas vermelhas
-1 frasco de vidro de boca larga com tampa
-1 bilhete de lotaria antigo
- Água da Lua Cheia

Colocar a tangerina no frasco, o bilhete de lotaria, as moedas, as pétalas e a canela à volta, cobrir com a água da lua e tapar. Coloque a vela na tampa do frasco e acenda-a. No dia seguinte, substitui-se a vela por uma nova e, no terceiro dia, destapa-se o recipiente, deita-se tudo fora, exceto as moedas, que servirão de amuleto. Guarde uma na sua carteira e deixe as outras onze em casa. No final do ano, deves gastar as moedas.

Os melhores rituais para o amor

Qualquer sexta-feira de setembro de 2024

Ritual para eliminar litígios

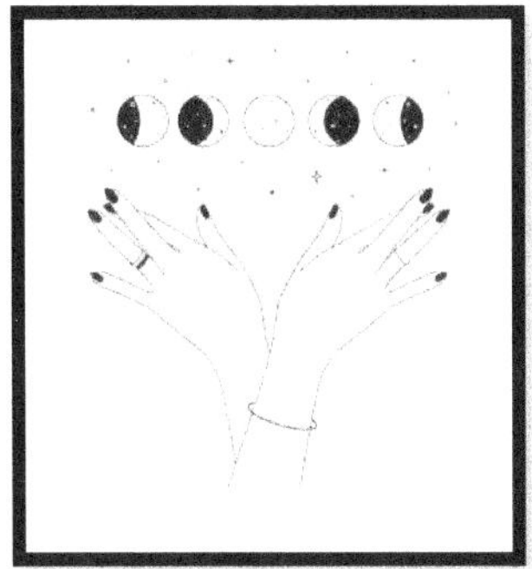

Escreve numa folha de papel os nomes completos de si e do seu parceiro. Coloca-o debaixo de uma pirâmide de quartzo rosa e repete mentalmente: "Eu (o seu nome) estou em paz e harmonia com o meu parceiro (o nome do seu parceiro), o amor rodeia-nos agora e sempre".

Esta pirâmide com os nomes deve ser guardada na zona do amor da sua casa. O canto inferior direito da porta de entrada é a zona dos casais, do amor, do casamento ou das relações.

Ritual para ser correspondido no Amor

Durante um período de cinco dias e à mesma hora, deve fazer uma pirâmide no chão com pétalas de rosas vermelhas. Numa vela verde escreve-se o nome da pessoa por quem se quer apaixonar, acende-se e coloca-se no centro da pirâmide, por cima do pentagrama nº 3 de Vénus.

Senta-se em frente a esta pirâmide e repete mentalmente: "Invoco todas as forças elementares do universo para que (nome da pessoa) retribua o meu amor". Passado este tempo, pode deitar os restos das velas no lixo e o pentagrama deve ser queimado.

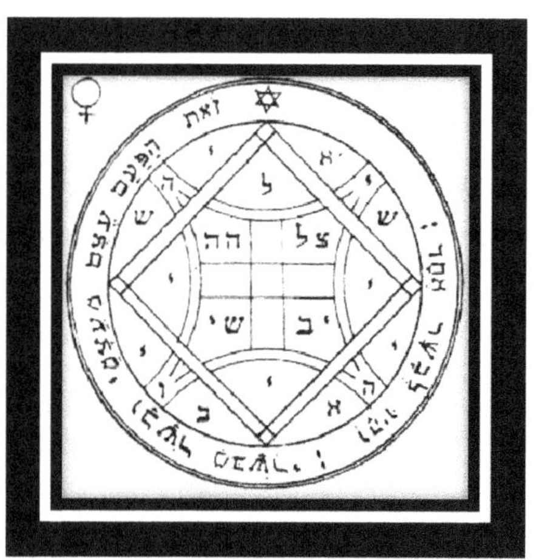

Pentáculo #3 Vénus.

Os melhores rituais para a saúde

Qualquer dia de setembro. De preferência, segunda e sexta-feira.

Banho de Cura

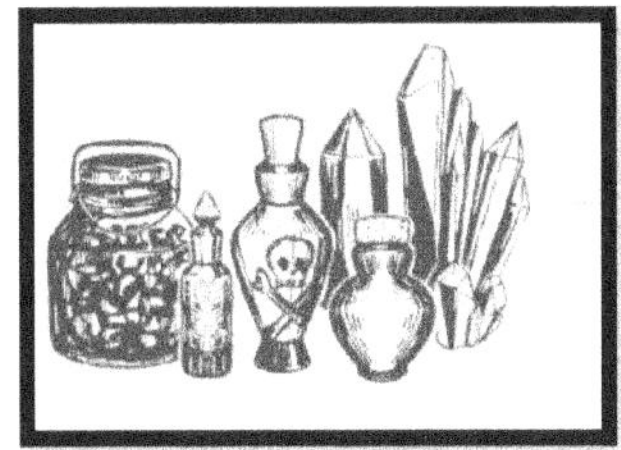

Elementos necessários:

- Beringela

- Ruda
- Espírito
- Cascarilha
- Água da Flórida
- Água da chuva
- Vela verde (mais eficaz se for em forma de pirâmide)

Este banho é mais eficaz se o fizermos num domingo, à hora do Sol ou de Júpiter. Corte a beringela em pedaços pequenos e coloque-a numa caçarola grande.

De seguida, ferver a salva e a arruda na água da chuva. Coe o líquido sobre os pedaços de beringela, junte a Aguaflorida, a aguardente, a cascarilha e acenda a vela.

Deitar a mistura na água do banho. Se não tiver uma banheira, deite-a por cima e seque-se com o ar, ou seja, não use uma toalha.

Banho de proteção antes de uma operação cirúrgica

Elementos necessários:

- *Sino roxo*
- *Água de coco*
- *Cascarilha*
- *Colónia 1800*
- *Sempre vivo*
- *Folhas de hortelã*
- *Folhas de arruda*
- *Folhas de alecrim*
- *Vela branca*
- *Óleo de lavanda*

Este banho é mais eficaz se o fizer numa quinta-feira, na altura da Lua ou de Marte.

Ferve-se todas as plantas na água de coco, quando arrefece, côa-se e junta-se a casca, a água-de-colónia, o óleo de lavanda e acende-se a vela na parte ocidental da casa de banho.

Deite a mistura na água da banheira. Se não tiver uma banheira, deite-a sobre si e não se seque.

Rituais para o mês de outubro

outubro de 2024

Domingo	Segunda-feira	Terça-feira	Quarta-feira	Quinta-feira	Sexta-feira	Sábado
		1	2 Lua Nova			5
		8		10		
			16 Lua Cheia			
	21		23		25	26
		29	30	31		

2 de outubro de 2024 Eclipse solar anular em Libra e Lua Nova 10°02'.

16 de outubro de 2024 Áries Lua Cheia 24°34' Áries

Os melhores rituais para o dinheiro

2, 17, 31 de outubro de 2024.

Feitiço com açúcar e água do mar para a prosperidade.

É necessário:
- Água do mar
- 3 colheres de sopa de açúcar
- 1 copo de cristal azul

Encher a chávena com água do mar e o açúcar, deixá-la ao ar livre na primeira noite da Lua Cheia e retirá-la do sereno às 6 horas da manhã.

Depois, abra as portas da sua casa e comece a borrifar a água com açúcar da entrada para as traseiras, use um frasco de spray, enquanto o faz deve repetir na sua mente: "Eu atraio para a minha vida toda a prosperidade e riqueza que o universo sabe que eu mereço, obrigado, obrigado, obrigado".

La Canela

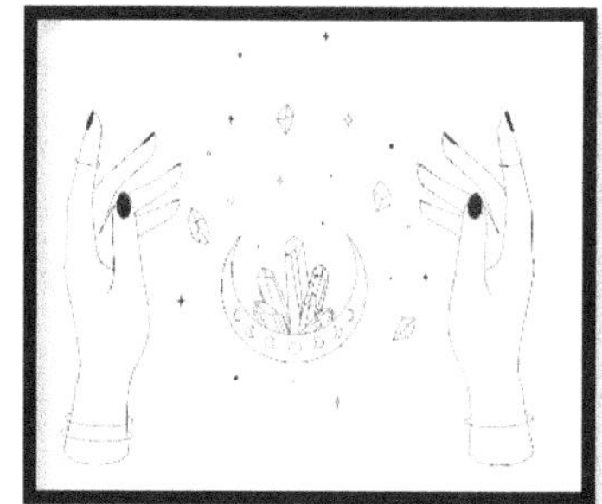

É utilizada para purificar o corpo. Em certas culturas, acredita-se que tem o poder de ajudar à imortalidade. De um ponto de vista mágico, a canela está ligada ao poder da lua devido à sua tendência feminina.

Ritual para atrair dinheiro instantaneamente.

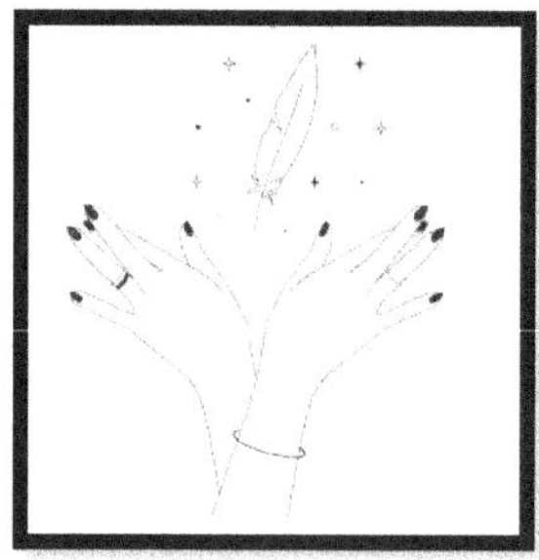

É necessário:
- 5 paus de canela
- 1 casca de laranja seca
- 1 litro de água benta
- 1 vela verde

Leve a canela, a casca de laranja e 1 litro de água a ferver, depois deixe a mistura repousar até arrefecer. Verta o líquido para um frasco de spray.

Acenda a vela na parte norte da sala de estar da sua casa e polvilhe todas as divisões, repetindo: "Anjo da Abundância, invoco a tua presença nesta casa para que nada nos falte e tenhamos sempre mais do que precisamos".

Quando terminar, dê graças três vezes e deixe a vela acesa.

Pode fazê-lo num domingo ou numa quinta-feira, à hora do planeta Vénus ou de Júpiter.

Os melhores rituais para o amor

Qualquer dia de outubro de 2024.

Feitiço para esquecer um antigo amor

É necessário:
- 3 velas amarelas em forma de pirâmide
- Sal marinho
- Vinagre branco
- Azeite
- Papel amarelo

- 1 saqueta preta

Este ritual é mais eficaz se for efetuado durante a fase da Lua Minguante.

Escreva o nome da pessoa que deseja afastar da sua vida no centro do papel com o azeite.

Depois, colocam-se as velas em cima, em forma de pirâmide.

Enquanto faz isto, repita na sua mente: "O meu anjo da guarda vela pela minha vida, este é o meu desejo e vai realizar-se".

Quando as velas estiverem consumidas, embrulhe todos os restos no mesmo papel e polvilhe-o com o vinagre.

Em seguida, coloque-o no saco preto e deite-o fora num local afastado da sua casa, de preferência onde haja árvores.

Feitiço para atrair a sua alma gémea

É necessário:
- Folhas de alecrim
- Folhas de salsa
- Folhas de manjericão
- Contentor metálico
- 1 vela vermelha em forma de coração
- Óleo essencial de canela
- 1 coração desenhado em papel vermelho
- Álcool
- Óleo de lavanda

Deve primeiro consagrar a vela com o óleo de canela, depois acendê-la e colocá-la ao lado do recipiente de metal. Misture todas as plantas no recipiente. Escreva no coração de papel todas as características da pessoa que quer na sua vida, escreva os pormenores. Deite cinco gotas de óleo de lavanda no papel e coloque-o dentro do recipiente. Polvilhe-o com o álcool e deite-lhe fogo. Todos os restos devem ser espalhados na praia, enquanto isso, concentre-se e peça para que essa pessoa entre na sua vida.

Ritual para atrair o Amor

É necessário
- Óleo de rosa
- 1 quartzo rosa
- 1 maçã
- 1 rosa vermelha num vaso pequeno
- 1 rosa branca num vaso pequeno
- 1 fita vermelha comprida
- 1 vela vermelha

Para uma eficácia máxima, este ritual deve ser realizado numa sexta-feira ou num domingo, à hora do planeta Vénus ou Júpiter.

É necessário consagrar a vela antes de iniciar o ritual com óleo de rosas. Acender a vela. Corte a maçã em dois pedaços e coloque um no vaso de rosas vermelhas e outro no vaso de rosas brancas. Atar a fita vermelha à volta dos dois vasos. Deixe-os ao lado da vela durante a noite até a vela se apagar. Enquanto faz isto, repita no seu espírito: "Que apareça no meu caminho a pessoa destinada a fazer-me feliz, eu recebo-a e aceito-a". Quando as rosas estiverem secas, juntamente com as metades das maçãs, enterre-as no seu quintal ou num vaso com o quartzo rosa.

Os melhores rituais para a saúde
Todos os domingos de outubro de 2024

Ritual de reforço da vitalidade

Mergulhe uma pirâmide de alumínio num balde de água durante 24 horas. No dia seguinte, depois do seu banho habitual, lave-se com esta água. Este ritual pode ser efetuado uma vez por semana.

novembro de 2024

Domingo	Segunda-feira	Terça-feira	Quarta-feira	Quinta-feira	Sexta-feira	Sábado
					1 Lua Nova	
		5			8	
10					15 Lua Cheia	
				21		23
	25	26			29	30 Lua Nova

1 de novembro de 2024 Lua Nova de Escorpião 9°34

15 de novembro de 2024 Lua Cheia Touro 24°00'

30 de novembro de 2024 Lua Nova Sagitário 9°32'

Os melhores rituais para ganhar dinheiro

1,15,30 de novembro de 2024

Faça o seu dinheiro a fazer pedra

É necessário:

- *Água benta*

- *7 moedas de qualquer valor facial*

- *7 pedras de pirite*

- *1 vela verde*

- *1 colher de chá de canela*

- *1 colher de chá de sal marinho*

- *1 colher de chá de açúcar mascavado*

- *1 colher de chá de arroz*

Este ritual deve ser efetuado à luz da lua cheia, ou seja, ao ar livre.

Deita-se a água com a terra numa tigela de modo a obter uma massa espessa. Juntar as colheres de chá de sal, o açúcar, o arroz e a canela à mistura e colocar as 7 moedas e as 7 pirites em sítios diferentes no meio da mistura. Misturar a massa de forma homogénea e alisá-la com uma colher. Deixar o recipiente à luz da lua cheia durante toda a noite e parte do dia seguinte ao sol para secar. Uma vez seco, leve-o para dentro de casa e coloque a vela verde acesa em cima dele. Não limpe os resíduos de cera desta pedra. Coloque-a na sua cozinha, o mais perto possível de uma janela.

Os melhores rituais para o amor
Todas as sextas e segundas-feiras de novembro.

Espelho mágico do amor

Arranjar um espelho com 40 a 50 cm de diâmetro e pintar a moldura de preto. Lave o espelho com água benta e cubra-o com um pano preto. Na primeira noite de lua cheia, deixa-se o espelho exposto aos seus raios para que se possa ver todo o disco lunar no espelho.

Peça à Lua que consagre este espelho para iluminar os seus desejos.

Na noite seguinte à Lua Cheia, escreva com um lápis de cera tudo o que deseja em matéria de amor. Especifica como quer que a sua companheira seja em todos os aspetos. Fecha os olhos e visualiza-se feliz e com ela. Deixa as palavras escritas para a manhã seguinte.

Depois, limpa-se o espelho com água benta até não restarem vestígios da tinta que se usou. Coloca-se o espelho num local onde ninguém lhe toque.

Para poder repetir este feitiço, é necessário recarregar o espelho três vezes por ano com a energia das Luas Cheias. Se o fizeres numa hora planetária que tenha a ver com o amor, estarás a acrescentar um supre poder à tua intenção.

Feitiço para aumentar a paixão

É necessário:
- 1 folha de papel verde
- 1 maçã verde
- Fio vermelho
- 1 faca

Este ritual tem de ser realizado numa sexta-feira, à hora do planeta Vénus.

Escreve o nome do teu parceiro e o teu nome na folha de papel verde e desenha um coração à volta.

Corte a maçã ao meio com a faca e coloque o papel entre as duas metades.

Em seguida, amarrar as metades com a linha vermelha e dar 5 nós.

Vais dar uma dentada na maçã e engolir esse pedaço.

À meia-noite, os restos da maçã são enterrados o mais próximo possível da casa do seu parceiro ou, se viverem juntos, no seu jardim.

Os melhores rituais para a saúde
Todas as quintas-feiras de novembro de 2024

Ritual para eliminar uma dor

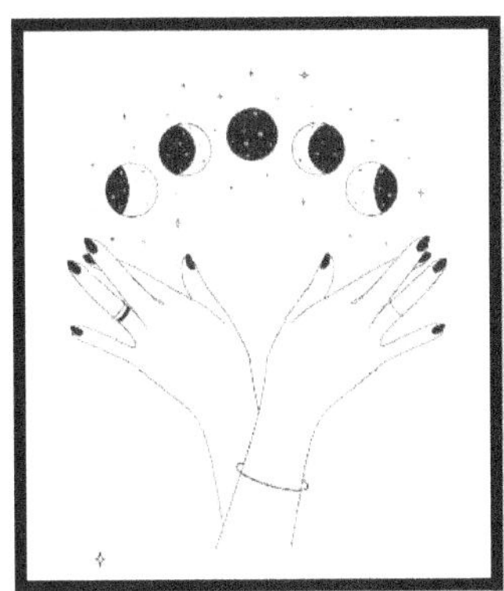

Deite-se de costas com a cabeça virada para Norte e coloque uma pirâmide amarela na parte inferior do abdómen durante 10 minutos, e as doenças desaparecerão.

Ritual de relaxamento

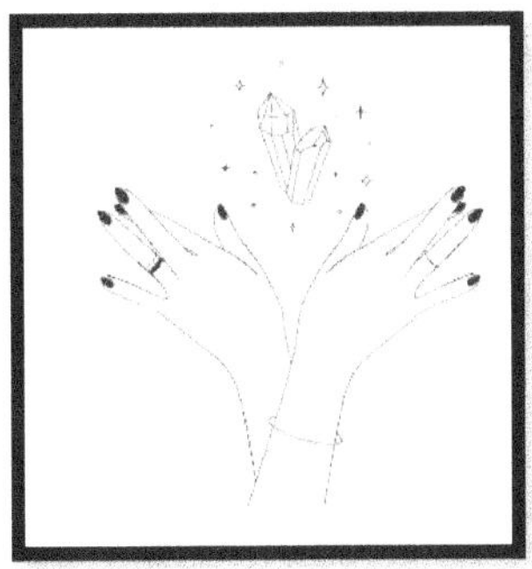

Pegue numa pirâmide violeta e deite-se de costas com os olhos fechados, mantenha a mente em branco e respire suavemente. Nesse momento, sentirá os braços, as pernas e o tórax a ficarem dormentes.

Em seguida, senti-los-á mais pesados, o que significa que está totalmente relaxado, este ritual gera paz e harmonia.

Ritual para uma velhice saudável

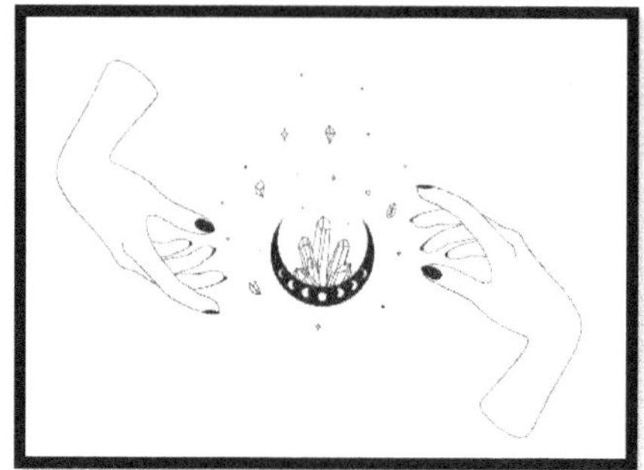

Pegue num ovo grande e pinte-o de dourado.

Quando a tinta secar, coloca-a dentro de um círculo que farás com 7 velas (1 vermelha, 1 amarela, 1 verde, 1 cor-de-rosa, 1 azul, 1 roxa, 1 branca). Senta-se em frente ao círculo com a cabeça coberta por um lenço branco e acende as velas no sentido dos ponteiros do relógio. Repita as seguintes afirmações enquanto acende as velas:

Estou a tornar-me a melhor versão de mim próprio.
As minhas possibilidades são infinitas.
Tenho a liberdade e o poder de criar a vida que quero.
Eu escolho ser gentil comigo mesmo e amar-me incondicionalmente.
Faço o que posso, e isso é suficiente.

Cada dia é uma oportunidade para começar de novo.

Onde quer que eu esteja na minha jornada é onde eu pertenço.

Deixar as velas apagarem-se.

Em seguida, enterrar o ovo dentro de um vaso de barro e enchê-lo com areia da praia, deixando-o exposto à luz do sol e da lua durante três dias e três noites consecutivas.

Guardarás este pote dentro de casa durante três anos, depois desse tempo desenterras o ovo, partes a casca e o que encontrares lá dentro deixas em tua casa como amuleto protetor.

Feitiço para curar os doentes graves

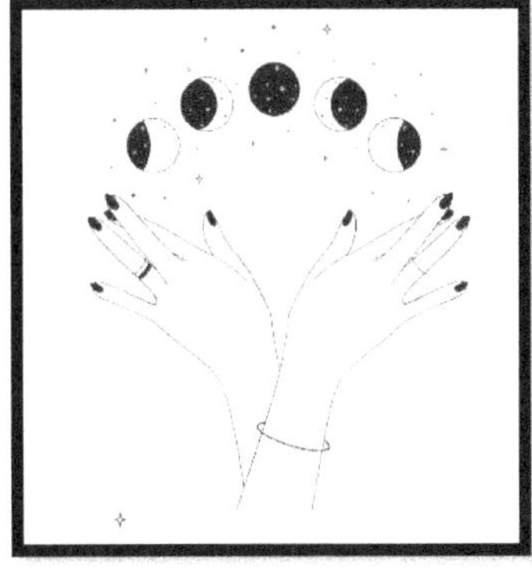

Coloca-se o diagnóstico do médico e uma fotografia atual da pessoa num recipiente metálico. Coloca-se duas velas verdes de cada lado do recipiente e acende-se.

Queimar o conteúdo do recipiente e, enquanto arde, juntar o cabelo da pessoa.

Quando só houver cinzas, colocá-las num envelope verde, o doente deve dormir com este envelope debaixo da almofada durante 17 dias.

Rituais para o mês de dezembro

dezembro de 2024

Domingo	Segunda-feira	Terça-feira	Quarta-feira	Quinta-feira	Sexta-feira	Sábado
1				5		
8		10				14 ◯ Lua Cheia
			18			21
	23		25	26		
29	30 Lua Nova	31				

15 de dezembro de 2024 Lua Cheia de Gémeos 23°52' Lua Cheia de Gémeos

30 de dezembro de 2024 Lua Nova de Capricórnio 9°43

Os melhores rituais para o dinheiro

14, 20 e 30 de dezembro de 2024

Ritual hindu para atrair dinheiro.

Os dias perfeitos para este ritual são a quinta-feira ou o domingo, à hora do planeta Vénus, Júpiter ou do Sol.
É necessário:
- Óleo essencial de arruda ou de manjericão
 - 1 moeda de ouro
 - 1 carteira ou porta-moedas novo
 - 1 espiga de trigo
- 5 pirites

Deve-se consagrar a moeda de ouro ungindo-a com óleo de manjericão ou arruda e dedicando-a a Júpiter. Enquanto a unges, repete mentalmente:

"Quero que sature esta moeda com a sua energia para que a abundância económica entre na minha vida".

Depois, deita-se óleo na espiga de trigo e oferece-se a Júpiter, pedindo-lhe que não falte comida em tua casa. Pegas na moeda, juntamente com as cinco pirites, e colocas no porta-moedas novo, que deves enterrar no lado esquerdo da frente da tua casa. A espiga de milho será guardada na cozinha da tua casa.

Dinheiro e Abundância para todos os membros da família.

É necessário:
- 4 recipientes de barro
- 4 pentáculos #7 de Júpiter (pode imprimi-los)

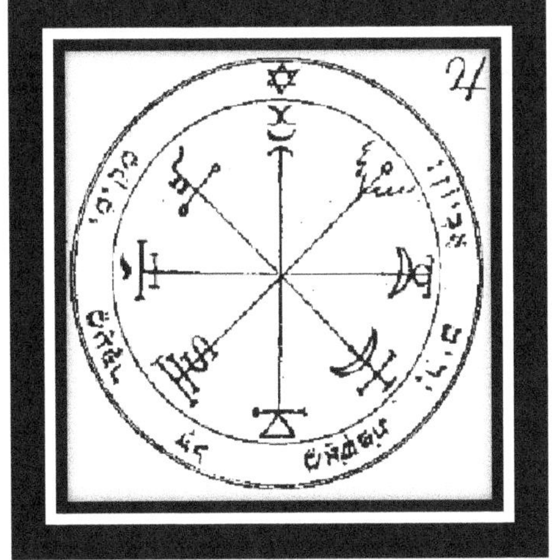

Pentáculo nº 7 de Júpiter.

- Mel
- 4 citrinos

Na sexta-feira, à hora do planeta Júpiter, escreva os nomes de todas as pessoas que vivem em sua casa nas costas do sétimo pentagrama de Júpiter.

Depois, coloca-se cada pedaço de papel nos vasos de barro juntamente com as citrinas e deita-se mel sobre eles. Coloca os vasos nos quatro pontos cardeais da tua casa. Deixa-os lá durante um mês. No final desse tempo, deita fora o mel e os pentáculos, mas mantém as citrinas na sua sala de estar.

Os melhores rituais diários para o amor
Sexta-feira e domingo, dezembro de 2024

Ritual para transformar uma amizade em amor

Este ritual é mais poderoso se for realizado numa terça-feira à hora de Vénus.

É necessário:

- 1 fotografia de corpo inteiro da pessoa amada
- 1 espelho pequeno
- 7 do seu cabelo
- 7 gotas do seu sangue
- 1 vela de pirâmide vermelha
- 1 saqueta dourada

Deite as gotas do seu sangue no espelho, coloque o cabelo por cima e espere que seque. Colocar a fotografia em cima do espelho (quando o sangue estiver seco).

Acende-se a vela e coloca-se à direita do espelho, concentra-se e repete-se:

"Estamos unidos para sempre pelo poder do meu sangue e pelo poder de (nome da pessoa que amas) o amor que sinto por ti. A amizade acaba, mas o amor eterno começa".

Quando a vela estiver consumida, deve colocar tudo dentro do saco dourado e atirá-lo ao mar.

Feitiço de amor germânico

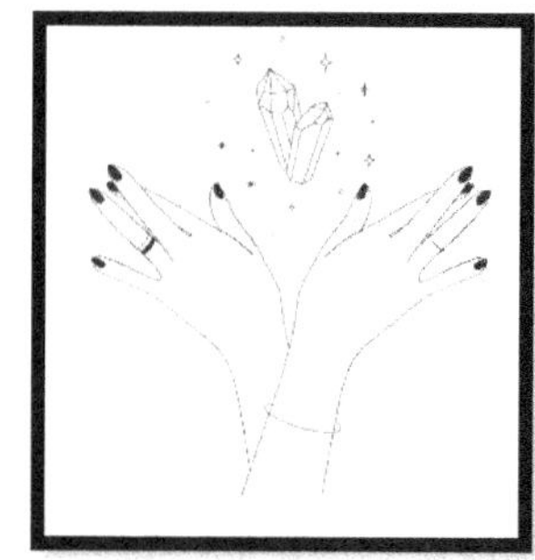

Este feitiço é mais eficaz se o lançar durante a fase de Lua Cheia, às 23:59 da noite.

É necessário:
- 1 fotografia da pessoa amada
- 1 fotografia sua
- 1 Coração de pomba branca
- 13 pétalas de girassol
- 3 pinos
- 1 vela cor-de-rosa
- 1 vela azul
- 1 agulha de costura nova
- Açúcar mascavado
- Canela em pó
- 1 mesa

Colocar as fotografias em cima do quadro, colocar o coração por cima e espetar os três alfinetes. Envolva-os com as pétalas de girassol, coloque a vela cor-de-rosa à esquerda e a vela azul à direita e acenda-as pela mesma ordem.

Pica-se o dedo indicador da mão esquerda e deixam-se cair três gotas de sangue sobre o coração. Enquanto o sangue cai, repete-se três vezes: "Pelo poder do sangue, tu (nome da pessoa) pertences-me".

Quando as velas estiverem consumidas, enterra-se tudo e, antes de fechar o buraco, coloca-se canela em pó e açúcar mascavado.

Feitiço de vingança

É necessário:
- 1 pedra de rio
- Pimento vermelho
- Fotografia da pessoa que roubou o seu amor
- 1 pote
- Solo do cemitério
- 1 vela preta

Deve escrever no verso da fotografia o seguinte encantamento: "Pelo poder da vingança, prometo-te que me retribuirás e que não voltarás a fazer mal a ninguém, estás anulado.

(nome da pessoa)".

Em seguida, coloca-se a fotografia da pessoa no fundo do vaso e coloca-se a pedra por cima, deita-se a terra do cemitério e a pimenta vermelha, por esta ordem.

Acende a vela preta e repete o mesmo encantamento que escreveu atrás da fotografia. Quando a vela se queimar, deita-a no lixo e deixa o pote num local que seja uma montanha.

Os melhores rituais para a saúde

Qualquer quinta-feira de dezembro de 2024

Grelha cristalina para Saúde

*O primeiro passo é decidir qual o objetivo que quer manifestar. Escreverá numa folha de papel os seus desejos em relação à sua saúde, sempre no presente, não devendo conter a palavra **NÃO**. Um exemplo seria: "Tenho uma saúde perfeita".*

Elementos necessários.

- 1 quartzo ametista grande (o foco)
- 4 Lari mar
- 4 quartzo cornalina pequeno
- 6 quartzo olho de tigre
- 4 citrinos
- 1 Figura geométrica da Flor da Vida
- 1 Ponta de quartzo branco para ativar a grelha

Flor da Vida.

Estes quartzos devem ser limpos antes do ritual para purificar as suas pedras de quaisquer energias que possam ter absorvido antes de chegarem às suas mãos, o sal marinho é a melhor opção. Deixe-as com sal marinho durante a noite. Quando as retirar, pode também acender um paló santo e fumá-las para reforçar o processo de purificação.

Os padrões geométricos ajudam-nos a visualizar melhor como as energias se ligam entre os nodos; os nodos são os pontos decisivos na geometria, são as posições estratégicas onde se colocam os cristais, para que as suas energias interajam entre si criando correntes de energia de alta vibração, (como um circuito) que podemos desviar para a nossa intenção.

Vai procurar um lugar calmo porque quando trabalhamos com tramas cristalinas estamos a trabalhar com energias universais.

Pega nas pedras, uma a uma, e coloca-as na mão esquerda, que segura em forma de taça, cobre-a com a mão direita e repete em voz alta os nomes dos símbolos Reiki: Cho Ku Rei, Sei He Ki, Hon Sha Ze Sho Nen e Dai Ko Mio, três vezes consecutivas cada.
Fá-lo-á para dar energia às suas pedras.

*Dobre o papel e coloque-o no centro da grelha. Coloca-se o quartzo ametista grande em cima, esta pedra no centro é o foco, as outras colocam-se como no *exemplo.*

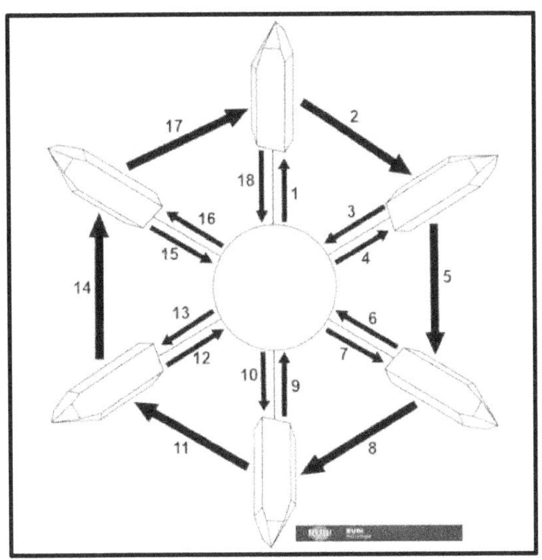

Vai ligá-los com a ponta de quartzo, começando pelo foco circular no sentido dos ponteiros do relógio.

Depois de ter montado a grelha, deixe-a num local onde ninguém lhe possa tocar. De tempos a tempos, deve voltar a ligá-la, ou seja, ativá-la com a ponta de quartzo, visualizando na sua mente o que escreveu no papel.

Regências Planetárias dos Dias.

Domingo - Sol
Segunda-feira - Lua
Terça-feira - Marte
Quarta-feira - Mercúrio
Quinta-feira - Júpiter
Sexta-feira - Vénus
Sábado - Saturno

Consagração das velas

Nos rituais mágicos, é importante consagrar as velas com óleos para atrair mais energia, esta unção é uma parte fundamental do processo.

Durante a consagração, deve concentrar-se no objetivo do ritual e este deve ser realizado no dia adequado do ponto de vista astrológico.

Os procedimentos são os seguintes:

Com os dedos da mão direita, espalhe algumas gotas de óleo sobre a vela, do centro para o pavio, tentando mantê-lo húmido. Em seguida, repita a mesma ação, mas do meio para a base da vela.

A outra forma de consagração consiste em espalhar o óleo sobre a vela de baixo para cima.

Este tipo de unção é exclusivamente para rituais de quebra de algo.

O terceiro e último modelo de bênção consiste em ungir de alto a baixo a vela que vamos utilizar no nosso ritual. Este tipo de consagração é exclusivo para as velas destinadas aos rituais de atração.

Círculo Mágico para os seus Rituais

O círculo mágico é um círculo consagrado no qual se realizam trabalhos secretos. É um espaço hermético para feitiços e rituais mágicos, atuando como uma barreira protetora contra as más energias.

Dentro deste círculo mágico, a pessoa que realiza o ritual pode invocar ou evocar qualquer ser espiritual de que necessite para a ajudar no ritual.
Os círculos mágicos são criados para que o mágico e as pessoas que participam no ritual permaneçam no local durante a operação mágica.
O círculo deve ser limpo e mantido sagrado para funcionar como uma parede protetora.

É preciso delimitar o espaço para o ritual antes de começar. Nem todas as pessoas desenham o círculo da mesma forma, experimentem o que é mais viável para vocês.
Determinar o espaço que vai utilizar no seu ritual é muito importante, examinar se tem de se sentar ou ficar de pé, se vai estar sozinho ou acompanhado por outras pessoas.

Deve confirmar que tem tudo o que precisa para o ritual antes de traçar o círculo. Se tiver de interromper o ritual por qualquer motivo, tente imaginar uma pequena porta no círculo, que pode fechar até regressar.
Desta forma, o círculo não é quebrado. Purifique o seu espaço ritual, limpe-o fisicamente, organize-o e aspire-o, se necessário. Purifique a área de energias negativas e pode começar a traçar o seu círculo.

Existem diferentes formas de o fazer, normalmente as pessoas traçam-no com uma varinha mágica ou à mão.

O instrumento que utiliza não precisa de tocar no chão, basta apontá-lo para baixo. Visualize a energia que vem do seu interior e concentre-a no seu braço dominante. Concentre-se através do seu instrumento e visualize um feixe de energia que emana dele e se funde com o solo. Alguns feiticeiros chamam os quatro pontos (norte, sul, este e oeste), se o ritual envolver invocações.

Em alguns casos, o círculo é marcado com velas ou pedras. É aconselhável imaginar o círculo como uma esfera de energia. Uma vez traçado o círculo, pode iniciar-se o ritual, mas nunca se deve esquecer a existência do círculo.

Para abrir o círculo, marca-se no sentido dos ponteiros do relógio e, para sair e fechar, no sentido contrário ao dos ponteiros do relógio.

Para proteger o seu círculo, e também para o marcar visualmente, pode colocar quatro turmalinas pretas nos quatro pontos cardeais.
Quando se fecha o círculo, pega-se neles e limpa-se com sal marinho.

Em conclusão, podemos resumir que os rituais são constituídos por duas fases significativas: a organização e a realização.

Durante a preparação, definimos o objetivo do ritual, a hora e o dia em que vamos começar, as cores adequadas, as velas, o incenso, a disposição do altar.

O vestuário que usa deve ser muito leve para permitir o movimento.
As cores podem ser brancas ou claras para que haja um fluxo energético. Os materiais necessários, bem como os textos.

Quando estamos prestes a prosseguir, ou seja, na fase de execução, devemos purificar o espaço, preparar o altar, estar relaxados não só espiritualmente como fisicamente. Abrir o círculo mágico e começar a visualizar o objetivo do ritual já cumprido.

As invocações são extremamente importantes, transcreva ou repita exatamente a oração que deve dizer no momento específico.

As invocações e as orações são configuradas em conjunto para serem o elo entre o mundo material, com o qual se trabalha, e o mundo espiritual para o qual se enviam vibrações.

Não alteres uma palavra, segue todas as instruções.

Por fim, não se esqueça que os seus guias espirituais, arcanjos, anjos ou santos são os intercessores junto de Deus ou do Universo para a realização dos seus desejos.

Dizer sempre as palavras com fé e confiança de que o que desejas se concretizará.

Não esquecer que as velas são acesas com fósforos de madeira, que as velas devem ser ungidas ou consagradas e, finalmente, fechar o círculo mágico.

Sobre o autor as

Para além dos seus conhecimentos astrológicos, Alina Rubi tem uma vasta formação profissional; tem certificações em Psicologia, Hipnose, Reiki, Cura Bioenergética com Cristais, Cura Angélica, Interpretação de Sonhos e é Instrutora Espiritual. Rubi tem conhecimentos de Gemologia, que utiliza para programar pedras ou minerais em poderosos Amuletos ou Talismãs de proteção.

Rubi tem um carácter prático e orientado para os resultados, o que lhe deu uma visão especial e integradora de vários mundos, facilitando-lhe a procura de soluções para problemas específicos. Alina escreve os Horóscopos Mensais para o sítio Web da Associação Americana de Astrólogos, que pode ser lido em www.astrologers.com.

Atualmente, escreve uma coluna semanal no jornal El Nuevo Herald sobre assuntos espirituais, publicada todos os domingos em formato digital e às segundas-feiras em papel. Também tem um programa e o Horóscopo semanal no canal YouTube do jornal. O seu Anuário

Astrológico é publicado todos os anos no jornal "Diario las Américas", com a coluna Rubi Astrologa.

Rubi escreveu vários artigos sobre astrologia para a publicação mensal "Today's Astrologer", deu aulas de Astrologia, Tarot, Leitura da Palma da Mão, Cura por Cristais e Esoterismo. Ela tem vídeos semanais sobre temas esotéricos no seu canal do YouTube: Rubi Astrologa. Teve o seu próprio programa de Astrologia transmitido diariamente na Flamingo T.V., foi entrevistada por vários programas de televisão e rádio, e todos os anos publica o seu "Anuário Astrológico" com o horóscopo signo a signo, e outros tópicos místicos interessantes.

É autora dos livros "Arroz e Feijão para a Alma" Parte I, II e III, uma compilação de artigos esotéricos, publicados em inglês, espanhol, francês, italiano e português. Dinheiro para Todos os Bolsos", "Amor para Todos os Corações", "Saúde para Todos os Corpos", Anuário Astrológico 2021, Horóscopo 2022, Rituais e Feitiços para o Sucesso em 2022, Feitiços e Segredos, Aulas de Astrologia, Rituais e Encantos 2024 e Horóscopo Chinês 2024 estão disponíveis em cinco línguas: inglês, italiano, francês, japonês e alemão.

Rubi é fluente em inglês e espanhol, combinando todos os seus talentos e conhecimentos nas suas leituras. Atualmente reside em Miami, Florida.

*Para mais informações, pode **visitar o sítio Web** www.esoterismomagia.com*

Alina A. Rubi é filha de Alina Rubi. Atualmente, estuda psicologia na Florida Internacional University.

Desde criança que se interessa por todos os assuntos metafísicos e esotéricos e pratica astrologia e Cabala desde os quatro anos de idade. Tem conhecimentos de Tarot, Reiki e Gemologia. Além de autora, é também editora, juntamente com a sua irmã Angeline A. Rubi, de todos os livros publicados por ela e pela sua mãe.

*Para mais informações, contacte-a por correio eletrónico: **rubiediciones29@gmail.com***

Bibliografia

Material dos livros "Amor para todos os corações", "Dinheiro para todos os bolsos" e "Saúde para todos os corpos" publicados pelos autores. Artigos publicados por um dos autores no Diario Las Américas e no Nuevo Herald.